SHENGCHAN JIGAI XIANGMU
GUANLI ZHINAN

生产技改项目
管理指南

国网浙江省电力有限公司宁波供电公司　组编

中国电力出版社
CHINA ELECTRIC POWER PRESS

内 容 提 要

本教材依据有关法律法规、规程规范及生产技改相关管理规定，以生产技改项目管理全过程为主线对各职能部门和专业管理要求进行解释和说明，旨在满足各项目管理人员管理学习的需要。

本教材各章节以项目建设进度管理为主线，主要内容包括生产技术改造与项目管理的概述、储备管理、实施计划管理、采购与合同管理、实施管理、结算与决算管理。附录部分详列了电网生产技术改造项目管理全过程管理资料模板，供项目管理参照使用。

本教材适用于各网省电力公司从事电网生产技术改造项目的管理人员和技术人员，也可供相关工程设计、监理和施工人员参考使用。

图书在版编目（CIP）数据

生产技改项目管理指南/国网浙江省电力有限公司宁波供电公司组编．—北京：中国电力出版社，2021.8（2022.6重印）

ISBN 978-7-5198-5757-8

Ⅰ．①生…　Ⅱ．①国…　Ⅲ．①电网－技改工程－项目管理－中国－指南　Ⅳ．①F426.61-62

中国版本图书馆 CIP 数据核字（2021）第 127237 号

出版发行：中国电力出版社
地　　址：北京市东城区北京站西街 19 号（邮政编码 100005）
网　　址：http://www.cepp.sgcc.com.cn
责任编辑：冯宁宁（010-63412537）
责任校对：黄　蓓　于　维
装帧设计：赵姗姗
责任印制：吴　迪

印　　刷：北京天宇星印刷厂
版　　次：2021 年 8 月第一版
印　　次：2022 年 6 月北京第三次印刷
开　　本：710 毫米×1000 毫米　16 开本
印　　张：10.75
字　　数：177 千字
定　　价：45.00 元

编　委　会

前　言

电网生产技术改造（以下简称“生产技改”）是以解决电网设备问题为目的，对现有电网生产设备、设施等资产进行更新、完善的过程。生产技改项目在实施过程中不仅涉及公司各生产、运检、财务、物资、审计、监察、法务等各职能部室的管理，而且牵涉项目设计、监理、施工、设备厂商等参建单位的管理，具有专业技术性强、流程涉及广、各信息系统种类多的特点。

随着公司固定资产规模的不断扩大，每年生产技改投资和项目数量逐年增加，依法治企、合规管理的要求不断提高。所以，生产技改项目管理必须要坚持依法合规原则，严格执行国家法律法规、行业标准、公司相关标准制度和规定，做到规范管理、严控管理风险。

此外，生产技改项目周期一般在 1 年以上，项目分类不同，不同参与人员执行不同环节，因此，不仅项目管理专职需要掌握生产技改项目管理的内容与要求，项目实施过程中相关人员也必须对其进行了解并合理应用。但当前在组织培训时，项目管理的培训对象主要是项目管理专职，普及面不广，且以管理规定与系统操作为主要内容，极少有针对项目生命周期的全过程培训。

因此，本教材一方面依据有关法律法规、规程规范及生产技改相关管理规定进行编写，推进项目管理依法合规。另一方面，以生产技改项目全过程管理为主要内容，将各职能部门和专业管理要求融会贯通，起到牵线搭桥、按图索骥的作用。本教材各章节以项目建设进度管理为主线，详细介绍了电网生产技术改造项目从规划储备、需求采购、计划实施、结算决算等各个环节的管理要求和工作内容，以满足各类项目管理人员学习的需要。附录部分详细列出了电网生产技术改造项目管理全过程的管理资料模板，供项目管理参照使用。

本教材适用于国家电网各网省电力公司从事电网生产技术改造项目的管理人员和技术人员，也可供相关工程设计、监理和施工人员参考使用。

本教材由国网浙江省电力有限公司宁波供电公司组编。限于时间及编者水平，书中疏漏和不足之处在所难免，恳请读者批评指正。

编　者

2021 年 5 月

目　录

第一章 概　述

本章内容

项目是为创造独特的产品、服务或成果而进行的临时性活动，项目要取得最终成果就要开展项目管理。建设项目是项目的一个分支，而生产技术改造项目（以下简称生产技改项目）则是建设项目一种类型。因此，项目所具有的特征，项目管理的特点、内容及管理措施适用于生产技改项目，但生产技术改造项目还有其自身独特性。

本章主要介绍项目及项目管理的基本概念与内容，为生产技改项目管理奠定理论基础。同时，介绍电网生产技改项目的概念、改造范围，以及与电网其他主要项目的边界。从概念和项目立项范围了解电网生产技改项目的主要对象，从而能更好地掌握电网生产技改项目管理的主要内容和管理流程。

知识脉络

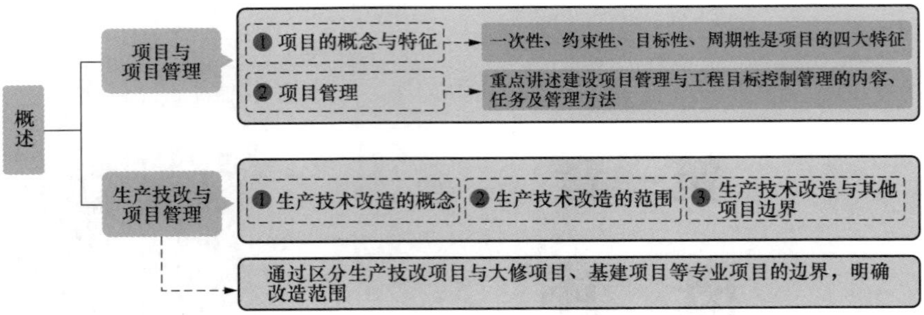

任务思考

1. 建设项目管理的核心任务是什么？
2. 什么是生产技术改造项目？包括哪些范围？
3. 如何区分生产技术改造项目与其他专业项目？

第一节 项目与项目管理

学习目标

01 了解项目的概念、项目的四个特征。

02 理解项目管理的内容及关键任务。

03 了解项目目标控制的措施和方法。

知识讲解

一、项目的概念及特征

项目是项目管理过程中所有被管理对象的总称，也是项目管理中最重要的主体。因此，在进行项目管理前，我们必须深入了解项目概念及其概念中隐含的特征，从而对电网生产技改项目及其特性形成初步印象，便于更好地掌握项目管理的内容。

（一）项目的含义

项目是指在一定约束条件下（主要是指资源限制、时间限制），具有特定目标的一次性任务。即项目是一系列具有特定目标、有明确开始和终止日期、有资金限制，且消耗资源的活动和任务。

所有符合上述说法的都属于项目，因而项目包含许多内容，如图 1-1 所示。它们都受一些条件的约束、都有相关的要求、都是一次性的任务，其他符合项目定义条件的也属于项目的范畴。

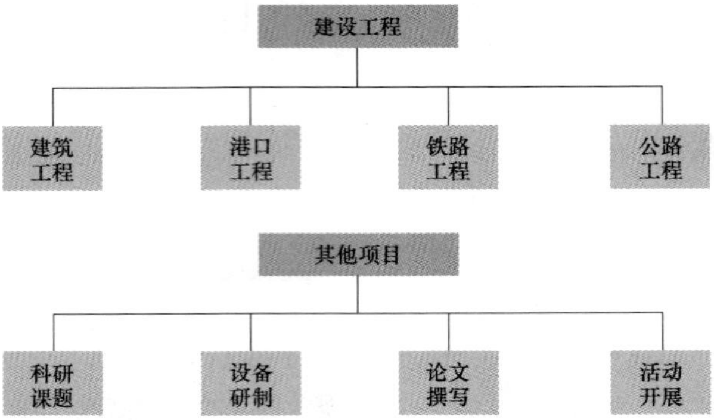

图 1-1　项目范畴举例

项目可以是建设一项工程，如工业与民用建筑工程、港口工程、铁路工程、公路工程，当然也包括建设一座电厂；完成某项科研课题或研制一套设备，甚至写一篇论文，组织一次活动，也都可以被看成是一个项目。

（二）项目的特征

综合考虑项目的实施目的、条件、过程等因素，项目一般具有的主要特征如图 1-2 所示。

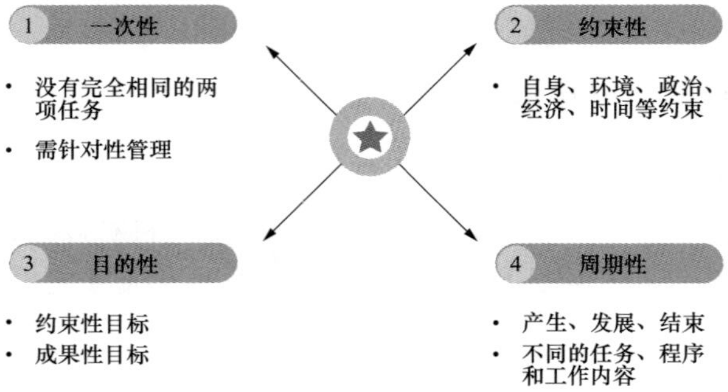

图 1-2　项目的主要特征

1. 一次性

项目实施的单件性或一次性，是项目最主要的特征。所谓的单件性或一次性，是指就任务本身和最终成果而言，项目没有完全相同的两项任务。只有充分认识项目的这一特征，才能根据项目的特殊性有针对性地进行管理。

2. 约束性

项目具有一定的约束性。任何项目在实施过程中要受到各种条件的限制，这些约束主要有自身的、环境的（包括社会与自然）、政治的、经济的、时间的等因素。

3. 目标性

项目有明确的目标，项目的目标可分为约束性目标和成果性目标。约束性目标是指项目约束条件，项目只有在满足约束的条件下才能获得成功。对于一个建设项目而言，一般情况下，项目的约束条件主要为项目限定的质量、限定的投资和限定的时间，通常把这三个约束条件称为项目的三大目标。成果性目标是指项目功能要求，即设计规定的产品规格、品种、生产能力目标。

4. 周期性

项目具有生命周期，项目的单件性和过程的一次性决定了项目具有生命周期。任何一个项目都有其产生的时间、发展的时间，以及结束的时间，项目不同的阶段内有不同的任务、程序和工作内容。掌握和了解项目的生命周期，就可以有效地对项目实施科学的管理和控制。成功的项目管理体现在对项目全过程的管理上，对整个项目生命周期的管理上。

如两个项目同时出现上述特征中的两个或两个以上特征，则称为重复立项。重复立项在项目管理中是杜绝出现的。

（三）项目的分类

项目按项目内容包含对象可分为建设项目、咨询项目、开发科研项目、零星购置项目、运维项目等类型。建设项目又可以从建设性质、规模、国民经济中的作用进行分类，如图 1-3 所示。

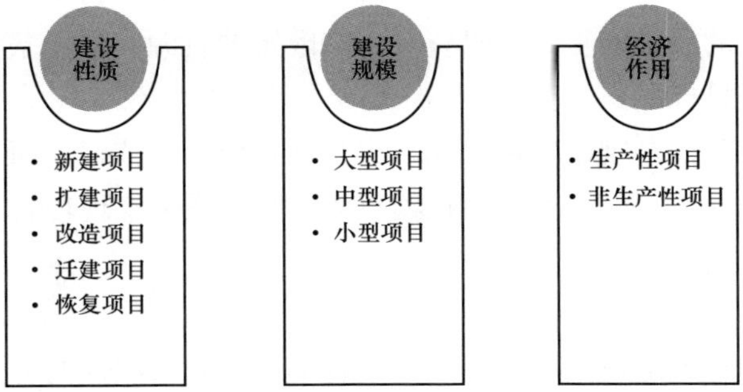

图 1-3　项目的类型

从上述分类可得出，生产技术改造项目是指对企业、事业单位原有设施进行技术改造或固定资产进行更新的生产性项目。另外，在按建设项目规模进行分类时，更新改造项目还可以分为限额以上项目、限额以下项目。

国家电网有限公司根据专业分工不同，将项目分为16个专项，分别是：电网基建项目、电网小型基建项目、生产技改项目、生产辅助技改项目、零星购置项目、生产大修项目、生产辅助大修项目、研究开发项目、电力营销项目、电网信息化项目、管理咨询项目、教育培训项目、产业基建项目、产业技改项目、产业大修项目、股权投资项目。

电网企业70%以上的固定资产是生产性设备形成的固定资产，为保障生产设备的健康、安全、经济地运行，需进行不断地更新改造，为生产设备改造而创立的项目即为生产技术改造项目。

二、项目管理

基于项目的四个主要特征，为完成项目，并达到项目的预期目标，则需要对项目进行管理。以下从项目管理、建设项目管理、工程目标控制管理三方面简单说明。

（一）项目管理的主要内容与任务

项目从需求提出、决策、实施到完工需要开展一系列的管理工作，为确保项目达到预期目标，需要了解项目的主要内容与任务，进而采取与之对应的控制措施对项目实施管理。

1. 项目管理的概念

项目管理是指在建设项目的生产周期内，用系统工程的理论、观点和方法，进行有效的规划、决策、组织、协调、控制等系统性的、科学的管理活动，从而按建设项目既定的质量、工期、投资额，在限定的资源和环境条件下圆满地实现工作项目的建设目标。

一定的约束条件是制定项目目标、进行项目控制的依据，而项目管理的目的就是保证项目目标的实现。因此，在约束条件的范围内实现项目目标，即可获得较好的项目管理效果。

2. 项目管理的特点

项目管理的对象是项目，由于项目具有单件性和一次性的特点，要求项目管理要有针对性、系统性、程序性和科学性。只有用系统工程的观点、理论和方法对项目进行管理，才能保证项目的顺利完成。项目管理具有的特点如图1-4所示。

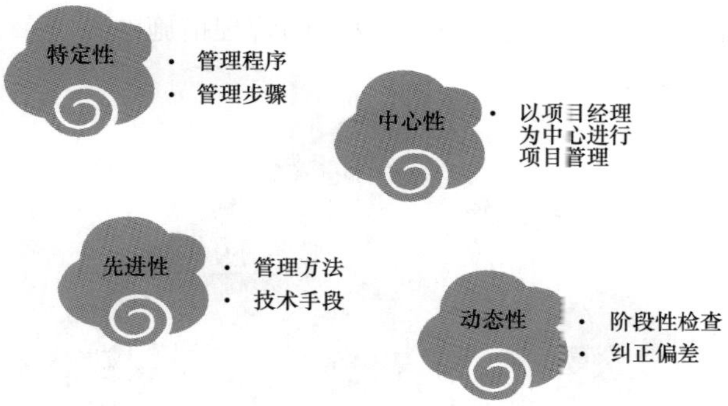

图 1-4 项目管理的特点

（1）每个项目都有特定的管理程序和管理步骤。项目一次性和单件性决定了每个项目都有其特定的目标，而项目管理的内容和方法是针对项目的目标确定的。因此，项目的目标不同，每个项目的管理程序和管理步骤也不会相同。

（2）项目管理是以项目经理为中心的管理。由于项目管理有较大的责任和风险，其管理涉及人力、技术、设备、材料、资金等多方面的因素。为了更好地进行计划、组织、指挥、协调与控制，就需要授予项目管理的负责人较大的权力，以使其能及时处理项目实施过程中出现的各种问题。所以，项目管理必须实施以项目经理为中心的管理模式。

（3）应用现代管理方法和技术手段进行项目管理。现代项目大多数属于先进科学的产物或者是一项涉及多学科的系统工程。要使项目圆满完成，就需要综合运用现代化的管理方法和科学技术，主要涉及决策技术、网络计划技术、价值工程、系统工程、目标管理等。

（4）项目管理过程中实施动态管理。为了保证项目目标的实现，在项目实施过程中采用动态控制的方法。阶段性地检查实际值与计划目标值的差异，并采取措施应对不良偏差，制定新的计划目标值，使得项目的实施结果逐步向最终目标逼近。

3. 项目管理的内容

项目管理的内容主要包括九项，如图 1-5 所示。

不同项目的管理内容存在着实质性的区别，在此不一一详细说明，下面重点就建设类项目的管理内容进行阐述。

（二）建设项目管理的内容与任务

生产技改项目是建设项目的一种，它的管理内容与任务跟建设项目的管理内容与任务相通。因此，通过了解建设项目管理的内容与任务，能够对生产技改项目在立项、实施、控制过程中提出更可操作的管理措施。

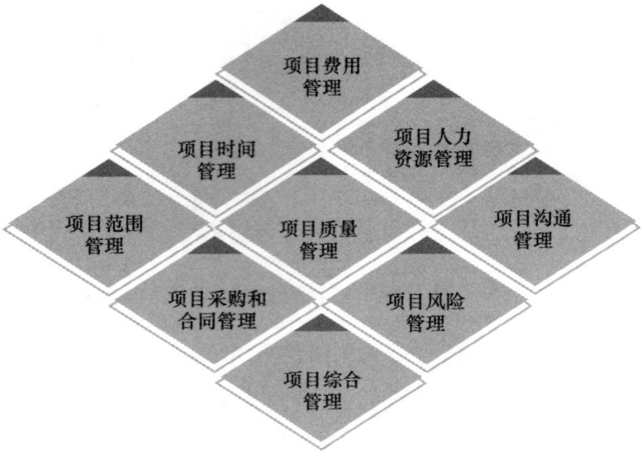

图 1-5　项目管理的内容

1. 建设项目管理的概念

建设项目管理是指项目组织运用系统工程的观点、理论和方法对建设项目生命周期内的所有工作（包括项目建议书、可行性研究、项目决策、设计、采购、施工、验收、后评价等）进行计划、组织、指挥、协调和控制的过程。

2. 建设项目管理的内容

在建设项目的决策和实施过程中，由于各阶段任务与实施主体的不同，产生了不同类型的项目管理，进而引起了管理内容的差异，建设项目管理各实施主体的主要管理内容具体如图 1-6 所示。

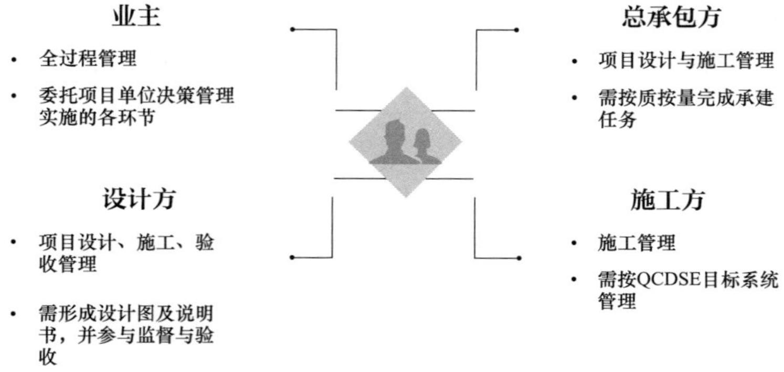

图 1-6　建设项目各实施主体的主要管理内容

（1）业主的项目管理。业主的项目管理是全过程的项目管理，包括项目决策与实施阶段各个环节的管理，即从项目需求开始，经过可行性研究、设计、施工，至项目竣工验收、投产使用的全过程管理。由于项目实施的一次性，使得业主方自行开展项目管理时往往存在着很大的局限性。首先，在技术和管理方面缺乏相应的配套力量；其次，即使是配备健全的管理机构，如果没有持续不断的管理任务也是不经济的。为此，项目业主需要专业化、社会化的项目管理单位为基础提供项目管理服务。项目管理单位既可以为业主提供全过程的项目管理服务，也可以根据业主需要提供分阶段的项目管理服务。

（2）工程总承包方的项目管理。工程总承包项目是指在项目设计、施工综合承包或设计、采购和施工综合承包的情况下，业主在项目决策之后，通过招标择优选定总承包单位全面负责建设项目的实施过程，直至最终交付使用功能和质量标准符合合同文件规定的建设项目。由此可见，工程总承包方的项目管理是贯穿于项目实施全过程的全面管理，既包括项目设计阶段，也包括项目施工安装阶段。

工程总承包方为了实现其经营方针和目标，必须在合同条件的约束下，依靠自身的技术和管理优势或实力，通过优化设计及施工方案，在规定的时间内，按质按量地全面完成建设项目的承建任务。

（3）设计方的项目管理。勘察设计单位承揽到项目勘察设计任务后，需要根据勘察设计合同所界定的工作任务和责任义务，引进先进技术和科研成果，在技术和经济上对项目的实施进行全面而详尽的安排，最终形成设计图纸和说明书，并在项目施工安装过程中参与监督和验收。因此，设计方的项目管理并不仅仅局限于项目的勘察设计阶段，还要延伸到项目的施工阶段和竣工验收阶段。

（4）施工方的项目管理。施工承包单位通过投标承揽到项目施工任务后，无论是施工总承包还是分包方，均需要根据施工承包合同所界定的工程范围组织项目管理。施工方项目管理的目标体系 QCDSE 如图 1-7 所示。

显然，这一目标系统既与建设项目的目标相联系，又具有施工方项目管理的鲜明特征。

3. 建设项目管理的任务

建设项目管理的主要任务就是在项目可行性研究、投资决策的基础上，对勘察设计、建设准备、物资供应、施工及竣工验收等全过程的一系列活动进行规划、协调、监督、控制和总结评价，并通过合同管理、组织协调、目标控制、风险管理和信息管理等措施，保证建设项目质量、进度、造价目标得到有效控制。

图 1-7　施工方项目管理的目标体系 QCDSE

（1）合同管理。工程合同是明确业主和参与项目实施的各主体之间责任与权利关系的具有法律效力的协议文件，也是运用市场机制，组织项目实施的基本手段。从某种意义来说，项目的实施过程就是合同订立与履行的过程。项目所有合同所赋予的义务、权利履行到位之日，也就是建设项目实施完成之时。

工程合同管理，主要是指对各类合同的依法订立过程和履行过程的管理，其主要内容如图 1-8 所示。

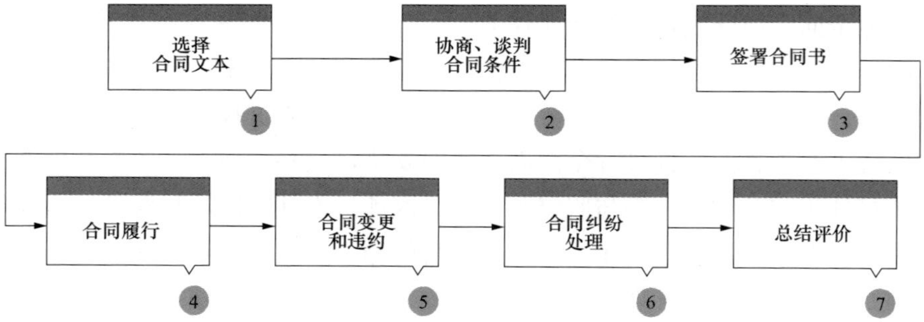

图 1-8　工程合同管理的主要内容

（2）组织协调。组织协调是一项管理技能，是实现项目目标必不可省的手段，也是一门管理艺术。在项目实施过程中，各个项目参与单位需要处理和调整众多复杂的业务组织关系，主要内容如图 1-9 所示。

（3）目标控制。目标控制是项目管理的重要职能。它是指项目管理人员在不断变化的动态环境中为保证既定计划目标的实现而进行的一系列检查和调整活动。建设项目目标控制的主要任务就是在项目前期策划、勘察设计、物资采购、施工、竣工交付等各个阶段，从组织、技术、经济、合同等方面，利用计划、组织、协调控制等手段采取相应的措施，确保项目总目标的顺利实现。

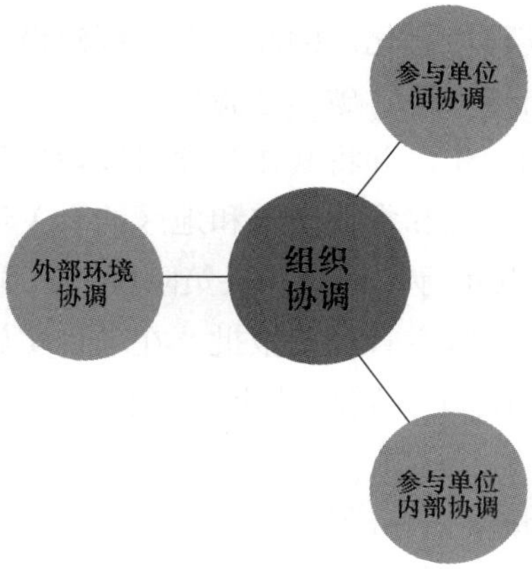

图 1-9 组织协调的主要内容

（4）风险管理。制约建设项目目标实现的因素很多，这些因素的变化存在着不确定性。有许多影响因素对于建设项目的参与方来说是不可抗拒的，随着建设项目的大型化和技术的复杂化，业主及其他项目参与方所面临的风险越来越多。为确保建设项目的投资效益，降低风险对建设项目的影响程度，必须对项目风险进行识别，并在定量分析和系统评价的基础上提出风险对策组合。

（5）信息管理。信息管理是项目目标控制的基础，其主要任务就是准确地向各层领导、各参与单位及各类人员提供所需的综合程度不同的信息，以便在项目进展的全过程中，动态地进行项目规划，迅速正确地进行各种决策，并及时检查决策执行结果。为了做好信息管理工作，需要做到以下几点，如图 1-10 所示。

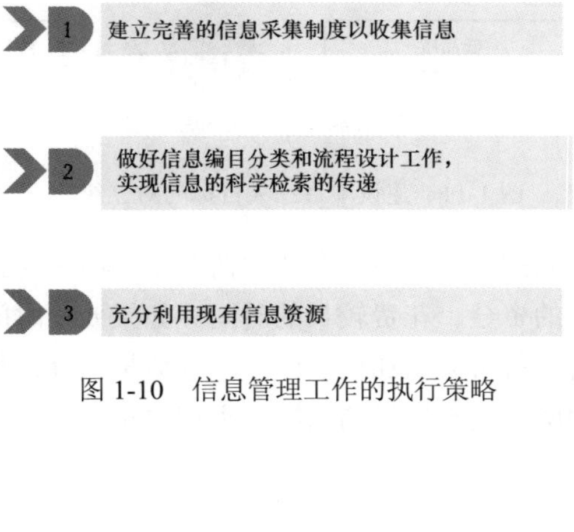

图 1-10 信息管理工作的执行策略

（6）环境保护。工程建设可以改善环境、造福人类，优秀的设计作品还可以增添社会景观，给人们带来美的享受。但建设项目的实施过程和结果，同时也对环境产生了影响，甚至使环境恶化。因此，在工程建设中应强化环保意识，切实有效地阻止并防范损害自然环境、破坏生态平衡、污染空气和水质、扰动周围建筑物和地下管网等现象的发生，并将其作为项目管理的重要任务之一。

项目管理者必须充分研究和掌握国家和地区的有关环保法规和规定，对于有环保要求的建设项目，在其可行性研究和决策阶段，必须提交环境影响评价报告，并严格按建设程序向环保行政主管部门报批。在项目实施阶段，还应做到“三同时”，即主体工程与环保措施工程同时设计、同时施工、同时投入运行，以保证达到项目的环保要求。

4. 建设项目管理的核心任务

建设项目管理的核心任务是控制项目目标（主要包括质量目标、造价目标和进度目标），最终实现项目的功能，以满足使用者的要求。建设项目的质量、造价、进度三大目标是一个相互关联的整体，它们之间既存在着矛盾的对立面，又存在着统一面，如图 1-11 所示。进行项目管理，必须充分考虑建设项目三大目标之间的对立统一关系，注意统筹兼顾，合理确定这些目标，防止产生过分追求某一目标而忽略其他目标的现象。

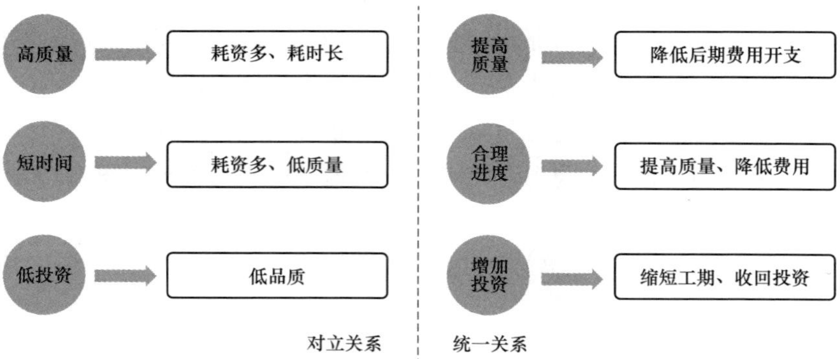

图 1-11 建设项目三大目标的对立统一

（1）三大目标之间的对立关系。在通常情况下，如果对工程质量有较高的要求，就需要投入较多的资金、花费较长的时间。如果要抢时间、争进度，以极短的时间完成建设项目，势必会增加投资或使工程质量下降；如果要减少投资、节约费用，必然要考虑降低建设项目的功能要求和质量标准。

（2）三大目标之间的统一关系。一般来说，适当增加投资，能为加快工程进度的措施提供一定的经济实施条件，可以加快进度、缩短工期、使项目尽早投用，促使投资尽早收回，项目全寿命经济效益得到提高；适当提高项目功能要求和质量标准，虽然会使前期一次性的投资增加、建设工期延长，但这些成本的增加因为项目投用后经常费和维修费的节约而得到补偿，会使项目获得更好的投资经济效益；如果项目进度计划科学合理，工程进展具有连续性和均衡性，不但可以缩短建设工期，而且有可能获得较好的工程质量、降低工程费用。

（三）工程目标控制管理

工程目标控制是建设项目管理的核心内容，在整个建设项目管理过程中起着决定性作用。以下，主要对工程目标控制管理的原理、措施及方法进行介绍。

1. 工程目标控制管理的原理

首先，来了解下“控制”。了解了什么是控制，控制有哪些类型，其基本表现形式是什么，再来理解工程目标控制的本质，从根本上做好工程目标控制管理。

（1）控制的基本概念。控制通常是指管理人员按照事先制订的计划与标准，检查和衡量被控对象在实施过程中的状况及所取得的成果，及时发现偏差并采取有效措施纠正所发生的不良偏差，以保证计划目标得以实现的管理活动。

实施控制的前提是确定合理的目标、制订科学的计划，继而进行组织设置和人员配备，并实施有效的领导。计划一旦开始执行，就必须进行控制，以检查项目实施情况。当发现实施过程有偏离时，就分析偏离计划的原因，如果需要应采取措施纠偏。控制是一种动态的管理活动，在采取纠偏措施后，应继续进行实施情况的检查。如此循环，直到建设项目目标实现为止。

（2）控制的类型。由于控制方式和方法的不同，控制可分为多种类型，归纳为主动控制和被动控制。

1）主动控制。主动控制就是预先分析目标偏离的可能性，并指定和采取各项预防性措施，以使计划目标得以实现。实施主动控制时，可采取的措施如图 1-12 所示。

在详细调查并分析研究外部环境条件时，既要确定影响目标实现和计划实施的各种有利因素，也要确定不利因素。在科学制订计划时，要消除那些造成资源不可行、经济不可行、财务不可行的各种错误和缺陷，保障建设项目的实施能够有足够的时间、空间、人力、物力和财力，并在此基础上力求计划得到优化。事实上，计划制订得越明确、完善，就越能设计出有效的控制系统，也就越能产生更好的控制效果。

01 调查分析外部条件、确定影响目标实现和计划实施的因素、将其考虑到研发集团其他管理职能之中

02 识别风险、揭示影响目标实现和计划实施的潜在因素、为风险分析和管理提供依据、做好风险管理工作

03 科学制订计划。做好计划可行性分析、消除各种错误和缺陷、保障项目实施、并使计划得到优化

04 做好组织工作。使组织与目标、计划高度一致、并把目标控制的任务与职能落实到机构和人员，做到职责和职权分明、通力协作实现目标

05 制订备用方案、应付可能出现的影响目标或计划实现的情况。一旦发生、应急措施保障可以减少偏离量或避免发生偏离

06 计划留在余地。避免经常发生但又不可避免的干扰因素对计划产生的影响、减少“例外”情况产生的数量、使管理人员处于主动地位

07 沟通信息流通渠道、加强信息收集、整理和研究工作、为预测工程未来发展状况提供全面、及时、可靠的消息

图 1-12　主动控制措施

2）被动控制。被动控制是指当系统按计划运行时，管理人员对计划的实施进行跟踪，将系统输出的信息进行加工、整理，再传递给控制部门，使控制人员从中发现问题，找出偏差，寻求并确定解决问题和纠正偏差的方案，然后再回送给计划实施系统付诸实施，使得计划目标一旦出现偏差就能得以纠正。被动控制是一种十分重要的控制方式，而且是经常采用的控制方式。被动控制可以采取如图 1-13 所示的措施。

01 应用现代化管理手段跟踪、测试、检查工程实施过程，发现异常情况，及时采取纠偏措施

02 明确项目管理组织过程中控制人员的职责，发现情况及时采取措施进行处理

03 建立有效的信息反馈系统，及时、准确地反馈偏离计划目标值的情况，以便及时采取措施予以纠正

图 1-13　被动控制措施

2. 工程目标控制的措施和方法

目标控制措施是使项目目标控制达到预期的重要途径，合适的目标控制方法则是控制、分析、研判项目目标的有效手段。

（1）项目控制目标的措施。为了取得目标控制的理想结果，应从多方面采取措施。工程目标控制的措施通常可以概括为组织措施、技术措施、经济措施和合同措施。

1）组织措施。组织措施是从建设项目管理的组织方面采取的措施，如实行项目经理责任制，落实建设项目管理的组织机构和人员，明确各级管理人员的任务和职能分工，编制本阶段建设项目实施控制工作计划和详细的工作流程图。组织措施是其他各类措施实施的前提和保障，而且一般不需要增加费用，运用得当可以收到良好的效果。

2）技术措施。控制在很大程度上要通过技术来解决问题。在进行项目管理时，常见的技术措施如图 1-14 所示。

01 对多个可能的主要技术方案进行技术可行性分析

02 对各种技术数据进行审核、比较

03 事先确定设计方案的评选原则

04 通过科学实验确定新材料、新工艺、新设备、新结构的适用性

05 对各投标文件中的主要技术方案进行必要的论证

06 对施工组织设计进行审查

07 想方设法在整个项目实施阶段寻求节约投资、保障工期和质量的技术措施

图 1-14 工程项目管理中的常见技术措施

实施计划能够输出期望的目标需要依靠掌握特定技术的人，需要采取一系列有效的技术措施以实现项目目标的有效控制。如果不采取以上相关的技术措施，目标控制就会毫无效果可言。

3）经济措施。从项目的提出到项目的实施，始终伴随着资金的筹集与使用。无论是对工程造价实施控制，还是对工程质量、进度实施控制，都离不开经济措施。为了实现建设项目目标，项目管理人员需要采取以下经济措施，如图 1-15 所示。

01 收集、加工、整理工程经济信息和数据

02 对各种实现目标的计划进行资源、经济、财务等方面的可行性分析

03 对经常出现的各种设计变更和其他工程变更方案进行技术经济分析

04 对工程概、预算进行审核

05 编制资金使用计划

06 对工程付款进行审查

图 1-15 工程项目管理中的常见经济措施

如果项目管理人员在项目管理中忽略了经济措施，不但会使得工程造价目标难以实现，而且会影响到工程质量和进度目标的实现。

4）合同措施。建设类项目的建设需要咨询机构、设计单位、施工单位和设备材料供应商等单位共同参与。在市场经济条件下，这些单位要根据与项目业主签署的合同来参与建设项目的管理与建设，他们与业主单位形成了合同关系。因此，确定对目标控制有利的承发包模式和合同结构，拟定合同条款，参加合同谈判，处理合同执行中的问题，以及做好防止和处理索赔的工作等，是建设工程目标控制的重要手段。

（2）项目目标控制的主要方法。控制的方法根据控制目标的不同而不同，常用的项目目标控制方法有以下几种，如图 1-16 所示。

控制图法能直接监视生产（建设）过程中的质量波动，具有稳定生产（建设）、保证质量、积极预防的作用。

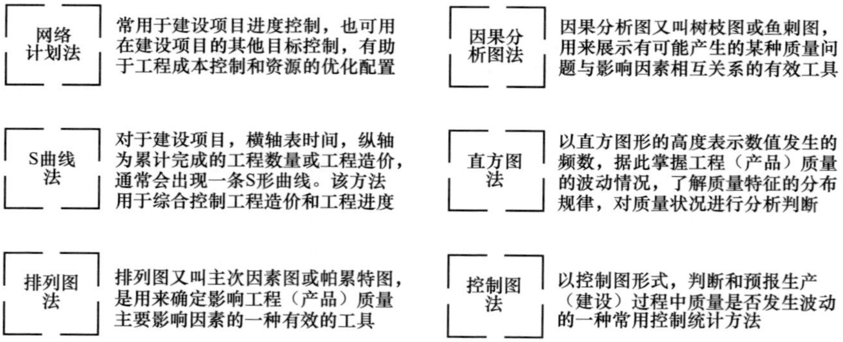

图 1-16　常用的项目目标控制方法

除图 1-16 中六种的方法外，还有一种重要方法，即香蕉曲线法。该方法原理与 S 曲线法的原理基本相同，其主要区别在于：香蕉曲线是以工程网络计划为基础绘制的。由于在工程网络计划中，工作的开始时间有最早开始时间和最迟开始时间两种，如果按照工程网络计划中每项工程最早开始时间绘制整个建设项目的计划累计完成工程量或造价，即可得到一条 S 形曲线（ES 曲线）；如果按照工程网络计划中每项工作最迟开始时间绘制整个建设项目的计划累计完成工程量或造价，又可得到一条 S 形曲线（LS 曲线），两条 S 形曲线组合在一起，即成为香蕉曲线。

第二节 生产技术改造与项目管理

学习目标

01 掌握生产技术改造项目的概念、范围。

02 明确生产技术改造项目立项原则。

03 了解生产技改项目与其他项目的边界。

知识讲解

一、生产技术改造的概念

生产技术改造是指利用成熟、先进、适用的技术、设备、工艺和材料等，对现有电网生产设备、设施及相关辅助设施等资产进行更新、完善和配套的工作，以提高其安全性、可靠性、经济性，满足智能、节能、环保等要求。

电网生产技术改造项目管理工作遵循以下总原则，如图 1-17 所示。

坚持依法合规原则

严格执行国家、行业、地方有关方针政策、法律法规，落实公司相关标准、制度、规定和要求，规范开展电网生产技改项目管理，严控项目管理风险

坚持精准投资原则

主动适应改革发展形势和监管要求，以提升电网、设备本质安全水平为核心，严把投资方向，合理安排项目计划，及时优化调整，提高投资效益

坚持分级负责原则

明确各部门、各专业、各级人员管理职责，落实“谁主管，谁负责”要求，构建横向协同机制，加强项目过程管控，保障其规范实施，提升管理效率

图 1-17 电网生产技术改造总原则

二、电网生产技术改造的范围

电网生产技术改造对象为电网生产设备、设施及附属（辅助）设施等电网资产。主要包括以下内容，如图 1-18 所示。

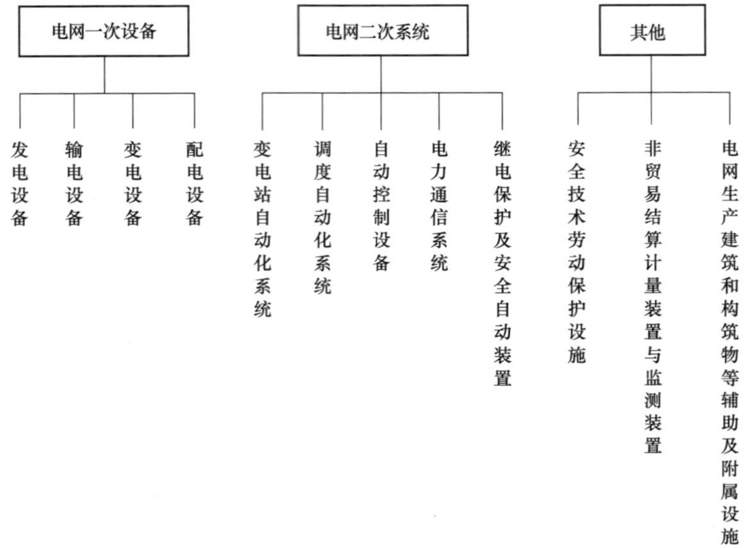

图 1-18　电网生产技术改造对象

电网生产技术改造坚持“安全第一、预防为主、综合治理”方针，严格执行国家、行业、地方有关方针政策、法律、法规，落实公司相关标准、制度、规定和反措要求，重点解决影响电网安全稳定运行的生产设备（设施）问题，达到提升电网安全稳定水平、设备健康水平、电网输送能力、电网智能化水平、电网经济运行水平、电网环保水平，电网抵御自然灾害能力的目的。

三、生产技术改造项目与其他项目边界

生产技术改造项目是生产技术改造工作具体实施的一个重要环节，是按照项目管理程序，依照相关法规制度，通过管理协调，组织人力、物力、财务资源，在限定的时间和费用内有质量地完成改造目标的过程。

由于生产技术改造项目与其他专业项目容易混淆，以下对电网生产技术改造项目与生产大修项目、基建项目、小型基建项目、生产辅助技改大修项目、营销项目、零购项目、信息化项目之间的立项边界做出说明。

（一）生产技改与大修项目边界

电网生产设备大修是指为恢复资产（包括设备、设施以及辅助设施等）原有形态和能力，按项目制管理的修理性工作。电网生产设备大修不增加固定资产原值，是企业的一种损益性支出。

对于项目中形成独立固定资产的（按公司固定资产第二级目录确定，固定资产第三级目录重要组成设备不视为独立固定资产），应列为生产技改项目；对于项目中更换或新增设备组部件的，项目支出达到取得固定资产时的计税基础（固定资产原值）50%及以上，应列为生产技改项目；考虑到输电线路中杆塔在资产价值中占比较大，因此单条输电线路更换杆塔超过限定数量时应列入技改，目前暂以 5 基为限。

（二）生产技改与电网基建项目边界

电网基建项目，是指需报请政府相关部门核准的电网建设项目。常见电网基建项目如图 1-19 所示。

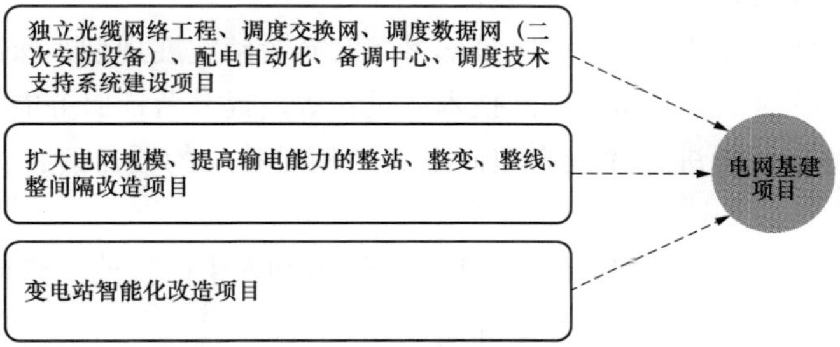

图 1-19 常见电网基建项目

此外，独立于输变电工程一次系统以外的配电自动化、通信、调度自动化新建或整体改造等独立二次项目，按电网基建程序管理，不应纳入生产技术改造项目。

（三）生产技改与小型基建项目边界

电网小型基建项目是指为企业生产经营服务的调度控制、生产管理、运行检修、营销服务、物资仓储、科研实验、教育培训用房和其他非经营性生产配套设施的新建、扩建和购置。常见小型基建项目如图 1-20 所示。

（四）生产技改与生产辅助技改大修项目边界

生产辅助技改、大修项目是指各级单位生产辅助房屋（办公用房、教育培训、周转住房）及其配套设备设施、教育培训的实训设备设施改造、大修项目。

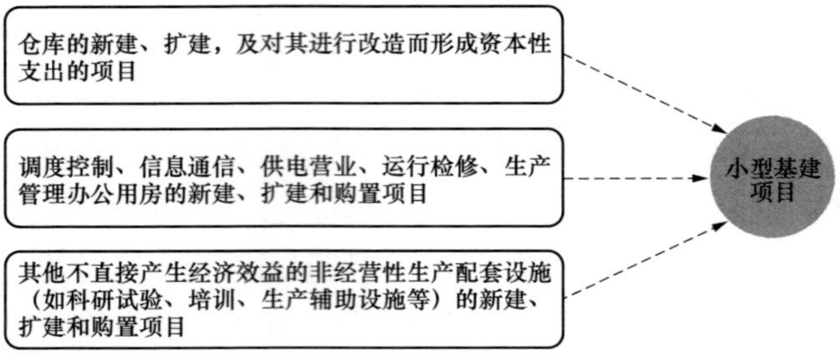

图 1-20　常见小型基建项目

非生产性房屋（办公用房、会议中心、培训中心、独立车库）及其配套设备设施改造、教育培训设施的更新维护等非生产性项目，不应纳入生产技术改造项目。

（五）生产技改与营销项目边界

营销项目是指为了落实公司决策部署、实施营销发展规划、保证营销业务正常运转，利用成熟、适用和先进的技术、设备等，提升营销服务能力水平或对营销设施、设备和装置进行改造修理而形成的相对独立的项目。常见营销项目如图 1-21 所示。

注意 400V 低压接户线以上（户表前）设备纳入生产技改大修范围。

（六）生产技改与零购项目边界

固定资产零星购置是指在公司固定资产目录内未纳入工程项目管理，可以独立发挥作用且无建筑安装工程量的仪器仪表、工器具及运输工具等固定资产。

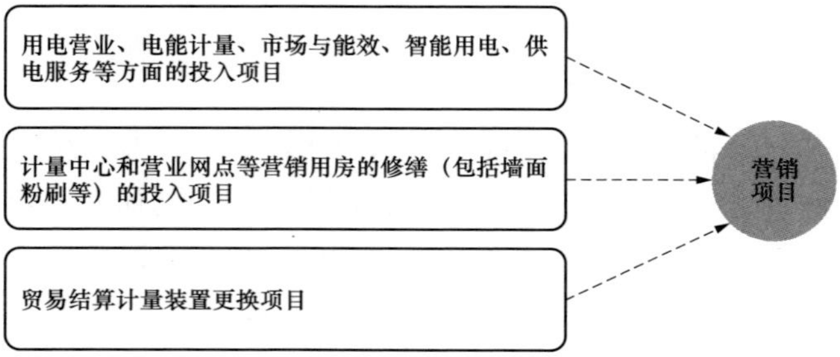

图 1-21　常见营销项目

在公司固定资产目录内未纳入工程项目管理、可以独立发挥作用且无建筑安装工程量的设备、仪器仪表、工器具及运输工具、仓库设备、设施等固定资产的零星购置，交通运输车辆、生产管理用工器具、仪器仪表及测试设备、办公及辅助设备、为生产生活服务的其他零购设备等，不纳入生产技术改造项目。

（七）生产技改与信息化项目边界

信息化项目指一体化平台、业务应用系统、信息安全、运行维护、专业管理等项目。常见信息化项目如图 1-22 所示。

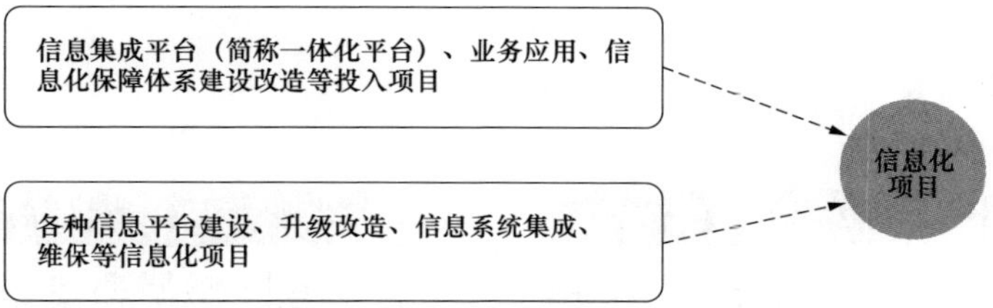

图 1-22 常见信息化项目

（八）其他注意事项

在将项目纳入生产技改项目范围时，除以上七类项目外，还有一些项目也不得列入生产技改项目，如图 1-23 所示。还有部分要求列入生产技改的项目如图 1-24 所示。

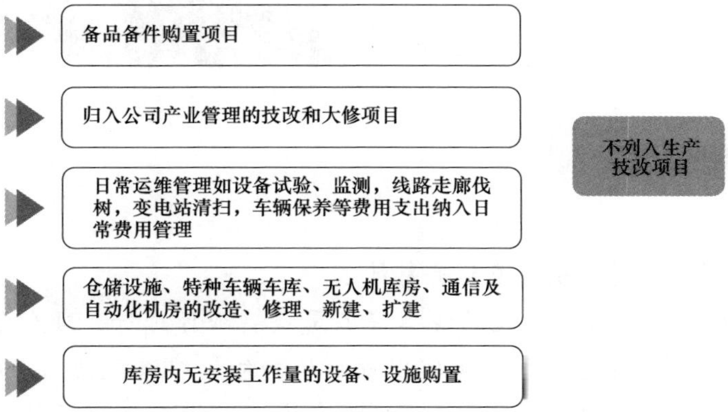

图 1-23 部分不得列入生产技改的项目

在图 1-24 中，仓储设施、特种车辆车库、无人机库房、通信及自动化机房的改造列为技改项目，但上述设施的新建、扩建列为小型基建项目；库房内无安装工作量的设备、设施购置列为固定资产零购项目。

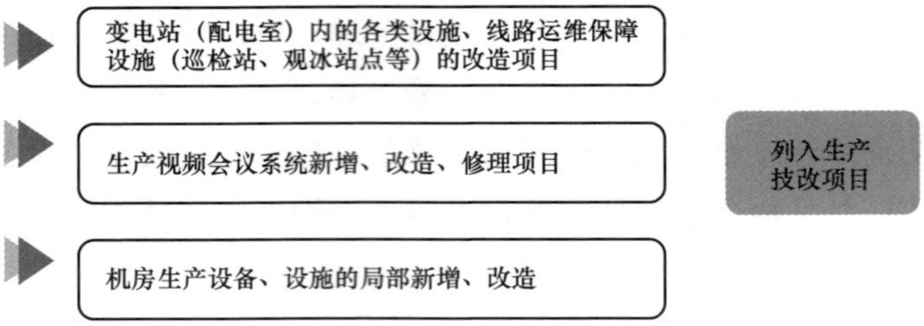

图 1-24　部分要求列入生产技改的项目

知识锦囊

知识点：限上项目和限下项目

根据资产性质、投资规模和管理层级，生产技改项目可分为限上项目和限下项目。

限上项目（01）

- 单项投资2000万元及以上的电网一次项目、单项投资1500万元及以上的二次系统项目（以下简称“规模限上项目”）。
- 总部出资项目。
- 省间委托运维资产项目。
- 总部指定的其他重大项目。

限下项目（02）

- 除限上项目以外的其他项目。

知识点：技改项目其他分类

根据项目性质和业务需求，生产技改项目分为常规项目、应急项目、业扩配套电网技改项目和公司指定加快实施项目。

1.常规项目

常规项目是符合国家电网公司生产技术改造原则范围内各种电网设备的改造更新项目

2.应急项目

应急项目是指因自然灾害、不可抗力、设备损坏、危急缺陷等突发事件需要紧急实施的项目

3.业扩配套电网技改项目

业扩配套电网技改项目是指为满足业扩报装配套(设备增容、隐患治理等)而设立的备用资金规模，根据实际需要逐步分解为子项目进行实施

4.公司指定加快实施项目

公司指定加快实施项目是指为适应政策、环境和技术等条件变化，履行有关决策程序后，需加快实施的重点项目

任务挑战

1. 建设项目管理的核心任务是什么?

【解析】 建设项目管理的核心任务是控制项目目标，即质量目标、造价目标和进度目标，并最终实现项目的功能，以满足使用者的要求。建设项目的质量、造价、进度三大目标是一个相互关联的整体，它们之间存在着对立统一关系。在进行建设项目管理过程中，要注意统筹兼顾，合理确定这些目标，防止产生过分追求某一目标而忽略其他目标的现象。

2. 如何区分生产技术改造项目与其他专业项目?

【解析】 生产技术改造项目主要容易与生产大修项目、基建项目、小型基建项目、生产辅助技改大修项目、营销项目、零购项目及信息化项目七类项目发生混淆。在区分生产技术改造项目与这些项目时，要注意结合项目实例，并牢记特殊项目的类型划分。

第二章

储 备 管 理

本章内容

电网生产技术改造项目是公司投资项目的一种。投资是指将有形或无形资产投放于某种对象或事项，以取得一定收益的活动。投资实行“事前、事中、事后”全过程管理，包括项目规划、前期、计划安排、工程建设、后评价等各个阶段。项目储备管理是指公司着眼于未来持续发展需要，实时对潜在项目需求进行可行性研究，将通过可行性研究评审批复的项目加以收储，以便适时启动项目投资计划安排的管理工作。

本章主要介绍生产技术改造项目从规划、前期可研论证至项目储备完成的管理过程，帮助相关人员更好地进行生产技术改造项目的储备管理工作。

知识脉络

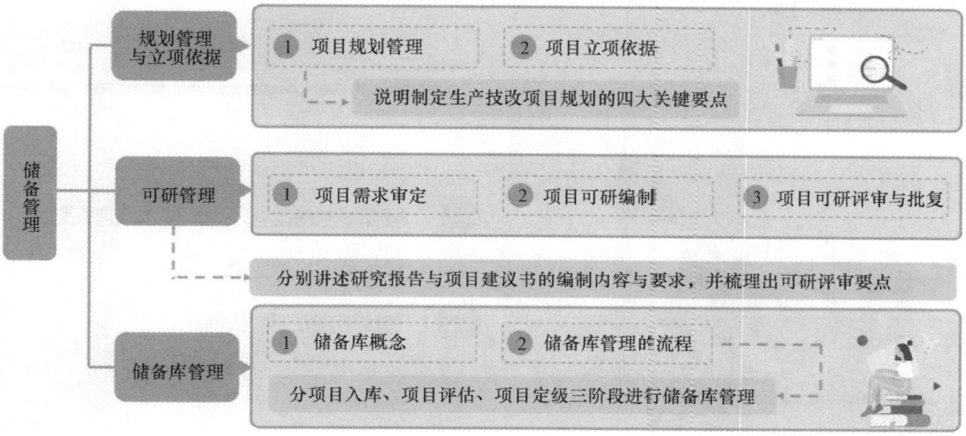

任务思考

1. 能够被纳入项目储备库的项目需要达到何种标准？
2. 项目储备管理中我们需要重点关注什么？
3. 项目储备管理中有哪些常见错误，我们应如何避免？

第一节　规划管理与立项依据

学习目标

01 掌握编制修改电网生产技术改造规划需要统筹考虑的要点。

02 理解项目立项的依据。

知识讲解

一、规划管理

规划管理是生产技术改造工作中的一个重要环节。电网生产设备中电气一、二次系统设备、辅助设备因自身特有的资产寿命周期，存在改造年限差异，且归属不同设备部门管理，需要通过专业规划做到相互协同，达到电网安全生产、降本增效的目的。生产技术改造规划工作需与公司其他专业规划统筹安排，实现资源的优化配置。

（一）规划的概念

规划是指个人或组织制定的比较全面、长远的发展计划，是对未来整体性、长期性、基本性问题的思考，设计未来整套行动的方案。规划具有长远性、全局性、战略性、方向性、概括性和鼓动性。

公司的企业发展规划包括总体规划和专项规划。常见专项规划如图 2-1 所示。

规划期原则上需与国民经济五年规划期、国资委提出的滚动规划期相一致。

本节介绍的电网生产技术改造规划是指应用实物资产全寿命周期理念，按照电网生产技术改造原则及规划编制指导意见对现有电网生产设备、设施及相关辅助设施等资产制定的五年改造更新计划，以达到有重点、有步骤地解决制约电网安全经济运行关键问题的目的。

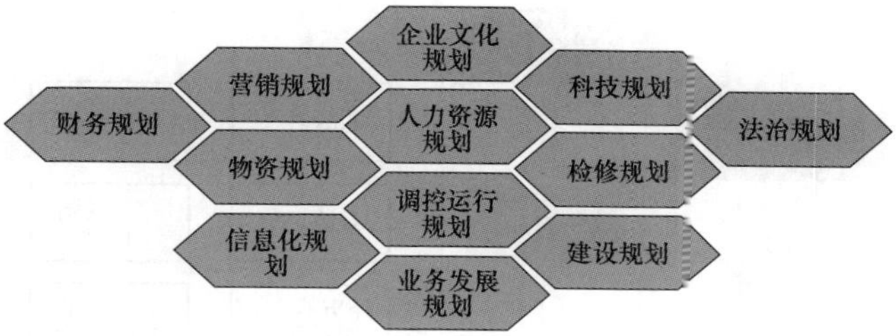

图 2-1 常见专项规划

电网生产技术改造规划是《电网运检管理规划》专项规划的一部分，由设备部负责组织编制，发策部门统筹协调发布。生产技术改造规划以五年为周期开展编制工作。各有关部门、分部、单位依据生产技术改造原则及五年规划编制指导意见，按照职责分工分别编制相应的生产技术改造规划建议，经设备部审查后汇总编制公司生产技术改造规划。生产技术改造规划采取滚动调整，并通过各专业三年设备整治计划等进行细化和完善，以适应电网发展要求并提高规划指导性。

（二）规划的要点

电网生产技术改造规划要点如图 2-2 所示。

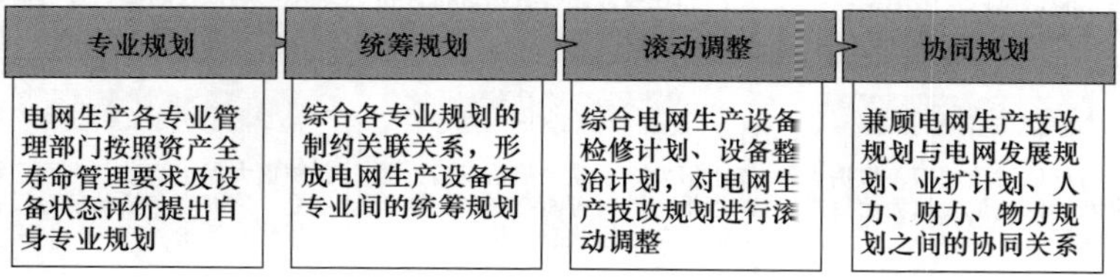

图 2-2 电网生产技术改造规划要点

1. 编制各专业改造规划

电网生产各设备管理专业按照资产全寿命管理要求及设备状态评价提出自身专业规划。

电网资产全寿命周期管理是指以公司总体发展目标为指导，以实物资产为核心，涵盖与实物资产相关的人力、信息、金融、无形资产，运用系统工程方法和模型，统筹协调资产在规划计划、采购建设、运维检修、退役处置全寿命周期的管理行为和技术要求，实现资产全寿命周期内安全、效能、成本的综合最优。

设备状态评价是指通过持续开展设备状态跟踪监视和趋势分析，综合专业巡视、带电检测、在线监测、例行试验、诊断性试验等各种技术手段，依据电网设备状态评价导则进行评价，以准确掌握设备运行状态。设备状态评价分为定期评价和动态评价，如图 2-3 所示。

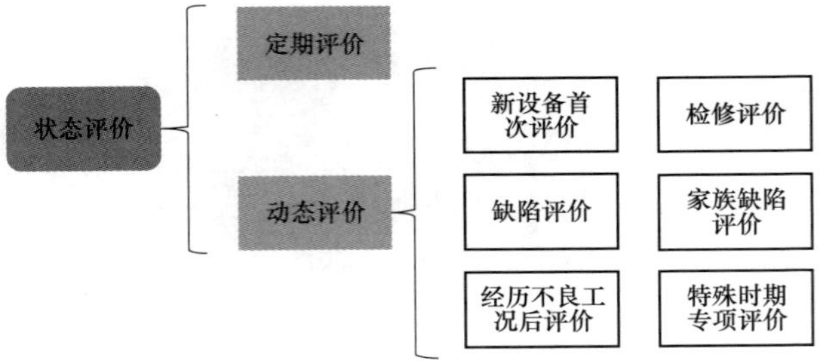

图 2-3　设备状态评价类型

定期评价指每年为制定下一年度设备状态检修计划，集中组织开展的电网设备状态评价工作。输变电设备定期评价每年不少于 1 次，特别重要配电设备定期评价 1 年 1 次，重要配电设备 2 年 1 次，一般配电设备 3 年 1 次。

动态评价指除定期评价以外适时开展的电网设备状态评价工作。主要包括六种，其具体评价内容如图 2-4 所示。

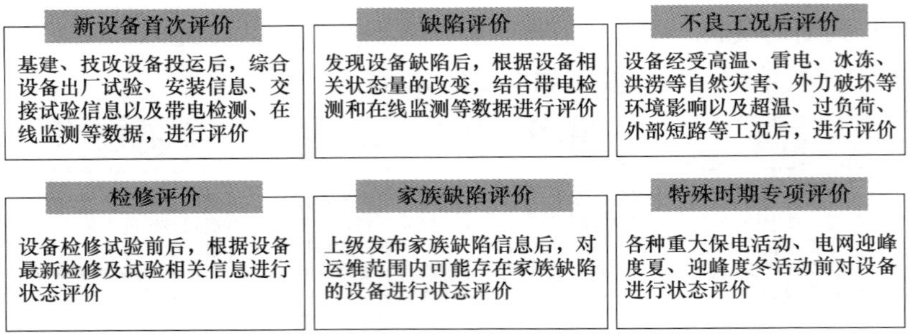

图 2-4　各类动态评价内容

总的来说，电网生产技术改造规划以资产全寿命周期管理为基础，通过对设备健康状态的周期性分析评价，建立评价结果与寿命周期策略之间的联动改进机制，编制专业管理范围内的设备改造规划。

2. 统筹各专业改造规划

电网生产技术改造规划结合电网实物资产评价以及电网一、二次设备的专业规划，明确不同专业相关存量资产的寿命周期策略。通过完善二次系统设备的评估机制，优化一次设备与二次设备相结合的改造策略，形成电网生产设备各专业间的统筹规划。

3. 对生产技改规划进行滚动调整

根据当年的电网生产设备检修计划、各专业的设备三年整治计划、上一年规划的执行情况对改造规划进行调整修改。

4. 协调生产技改规划与其他专业规划

在进行电网生产技术改造规划时，需关注其与电网发展规划、业扩计划、人力、财力、物力规划之间的协同关系。具体包括以下内容：

（1）电网生产技术改造规划要分析计划对资产安全、效能和成本的影响，统筹专业计划间的关联制约关系，加强计划实施内外部需求预测，合理配置人力、财力、物力等资源，以加强规划的合理性和有效性评估。

（2）电网生产技术改造规划要分析项目、物料、设备、资产的各类价值和技术信息动态采集需求，评估规划计划、采购建设、运维检修和退役处置等阶段的关键业务信息和指标数据采集情况，将相关信息化需求纳入信息化专项规划，逐步实现资产全寿命周期管理跨部门、跨专业协同和资产信息的全过程追溯。

（3）电网生产技术改造规划要建立与业扩计划资源共享和外部信息公开机制，实现跨专业、跨部门的信息协同；分析业扩新增资产对公司财务、运检等专业管理的影响，制定应对策略。

（4）电网生产技术改造规划要基于网架结构及电网实时运行情况，加强静态风险与动态风险相结合的过程风险管控机制，按照电网2～3年滚动分析校核工作，落实电网运行设备消缺及技改工程。

二、立项依据

（一）生产技术改造项目立项原则

国家相关法律法规、行业标准、国家电网公司企业标准、国家电网公司生产技术改造原则是电网生产技术项目立项和审查的依据。

电网生产技术改造原则作为立项和审查依据，要按照两级发布动态修编的原则滚动更新，以适应设备运行中出现的新问题和专业管理提出的新要求。各单位根据本单位电网设备及运行环境特点编制本单位生产技术改造原则，并报设备管理部门备案。

（二）生产技术改造项目立项原则的通用部分

电网生产技术改造项目立项原则的通用部分主要如图2-5所示。

“坚持统一规划、注重改造实效”即按照建设以特高压电网为骨干网架、各级电网协调发展的坚强智能电网的战略目标要求，结合设备状态检修工作，统一制定电网技术改造规划，加强量化分析，注重改造成效。

“依据资产全寿命周期成本最优”原则即在保障电网设备安全可靠运行基础上，统筹考虑电网设备的安全、效能、周期成本，最大限度发挥资产效益，实现生产技术改造全过程闭环管控和资产全寿命周期技术经济最优。

“以设备状态综合评价为基础原则”即统筹考虑设备运检环节安全性评价、隐患排查、状态评价、设备故障缺陷状况等因素，以综合评价结果为基础，解决影响人身安全、电网安全和设备安全的突出问题。优先安排评价认定已处于严重状态，影响系统安全运行的设备。

“以技术进步为主导”即推广先进适用技术，提升电网装备水平和智能化水平。

“坚持统筹协调，多渠道解决电网发展问题”即认真处理好生产技术改造与基本建设等工作的关系，实现生产技术改造与基本建设、科技投入、运行维护的有机协调，以基本建设促进电网快速发展，以技术改造促进电网完善，做到统筹协调，共同推动电网发展。

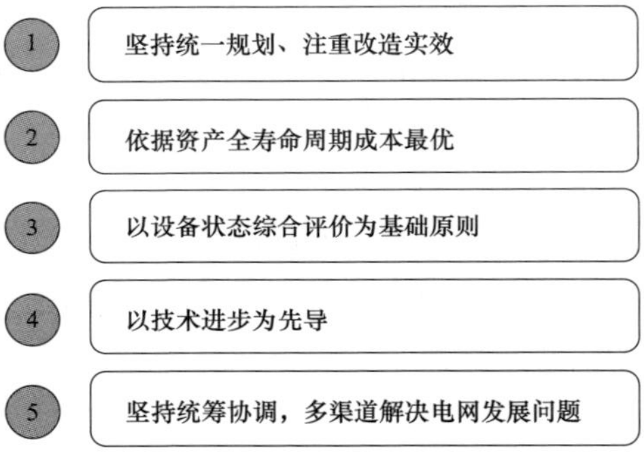

图 2-5　电网生产技术改造项目立项原则的通用部分

知识锦囊

知识点：生产技术改造规划编制注意事项

- 按设备专业编制技术改造规划。
- 对各专业规划进行统筹调整，做到一、二次设备同步改造，避免重复停役、重复投资。
- 结合设备滚动整治计划和生产计划滚动修改。

第二节 可研管理

学习目标

01 掌握项目可研编制、可研审查的流程和注意事项。

02 了解项目可研报告编制格式及要求。

知识讲解

一、需求审定

项目立项前，公司各级单位根据电网生产技术改造规划和改造原则，结合设备运行情况及专业管理要求，组织资产运行维护单位动态提出项目需求，经专业管理部门及业务部门合规审定后，形成项目需求。项目需求审定后，项目单位组织开展项目可行性研究报告或项目建议书编制工作。

二、可研编制

项目需求审定后，项目单位组织开展项目可行性研究报告或项目建议书（以下统称“项目可研”）编制及审查。

（一）项目可研的基本概念

1. 可行性研究报告

可行性研究报告是从事一种经济活动（投资）之前，对经济、技术、生产、环境、法律等各种因素进行具体调查、研究、分析，确定有利和不利的因素，估计项目成功率大小、经济效益和社会效果程度，判断项目是否可行，编制后由决策者和主管机关审批的上报文件。

2. 项目建议书

项目建议书是项目筹建单位就某一具体项目提出的项目建议文件，是对拟建项目提出的框架性总体设想。论述项目设立的必要性和可能性，把项目投资的设想变为概略的投资建议。

3. 可行性研究报告与项目建议书的区别

可行性研究报告与项目建议书的区别在于：项目建议书主要论证的是项目的必要性，项目可行性研究报告主要论证的是项目的可行性，具体如图 2-6 所示。

项目可行性研究报告是在调查研究和分析论证项目技术可行性和经济合理性的基础上，进行方案比选后编制的文本。项目建议书可以理解为是项目单位编制的简化版可行性研究报告。

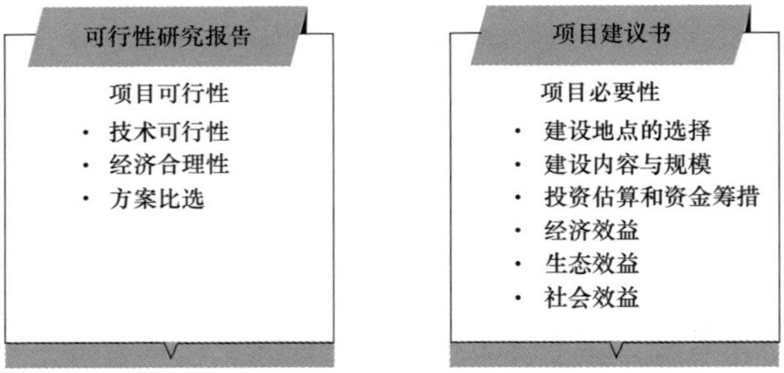

图 2-6 可行性研究报告与项目建议书的区别

（二）项目可研的编制要求

项目可研编制包括可研文本说明和项目估算书，应满足《生产技术改造和生产设备大修项目可行性研究内容深度规定》要求，方案和估算满足物资、服务招标采购要求，并附拟拆除设备技术鉴定及处置意见。

1. 编制基础及编制单位要求

可研编制要以项目需求为基础，对编制单位也有一定要求。项目可研以项目需求为基础，由资产运行维护单位或部门（以下简称“项目单位”）组织编制。投资总额在 200 万元及以上项目编制可行性研究报告，由具有相应资质的单位编制；其他项目可编制项目建议书，由项目单位编制。

2. 编制资料要求

项目可研编制的基础资料如图 2-7 所示。

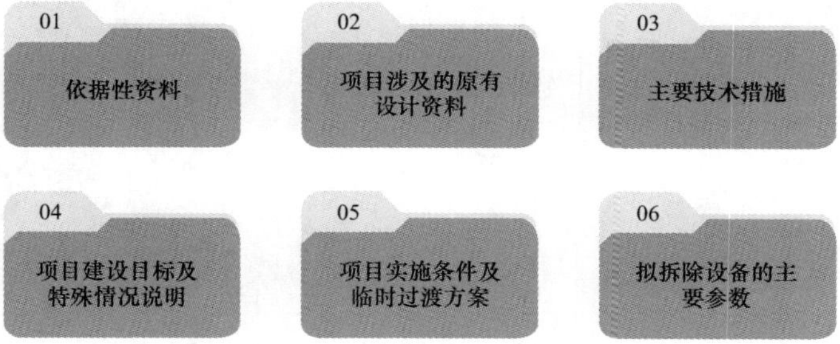

图 2-7 项目可研编制的基础资料

其中，依据性资料包括电网生产技术改造原则、反措要求及专项治理文件等。

项目涉及的原有设计资料包括需改造或大修的系统、设备、环境等现状；主要技术措施包括有关的技术导则及会议纪要等。除以上资料外，还需提交其他要求的相关资料。

3. 编制中设备拆除要求

各单位应在项目可研编制过程中，根据设备在电网中的关键程度和负载情况，依据实物资产管理部门提供的在运和退役设备状态评估结果，进行综合技术经济比较和全寿命分析后，考虑设备拆除和再利用。

（三）项目可研的编制内容

可研编制单位根据审核通过的项目需求及基础资料开展项目可研论证工作。其中，项目可行性研究报告应由具有相应资质的单位按照相关模板（详见附件一）编制，项目建议书可由项目单位按照相关模板（详见附件二）自行编制。项目可研内容应全面完整，满足《生产技术改造和生产设备大修项目可行性研究内容深度规定》有关要求。

附件一　　附件二

可行性研究报告资料主要包括以下内容，如图 2-8 所示。

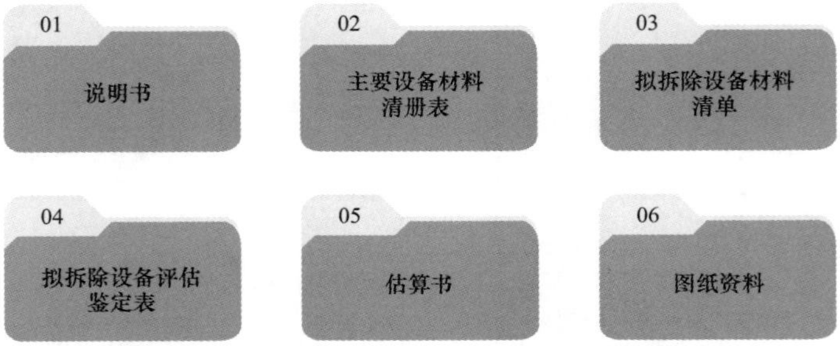

图 2-8　可行性研究报告包含资料类别

其中，说明书包括项目概述、项目必要性、项目技术方案、项目经济性与财务合规性、项目拟拆除设备及主要材料处置、项目实施安排、特别事项说明等；主要设备材料清册表应满足采购招标要求。除以上资料外，还应提交其他要求的相关资料。

项目建议书中包含可行性研究报告中的 2～6 项资料，另外还包含项目信息表，即基本信息、项目必要性、项目方案、项目经济性与财务合规性等资料。项目估算书应严格依据行业、公司相关规定编制，确保项目估算内容依法合规，造价合理准确。

（四）对项目可研内容的要求

项目可研（即项目可行性研究报告或项目建议书）应符合相应资质、内容和深度等要求，按照通用制度中现行有效的模板编制。

编制项目可研报告时重点关注以下两方面：

1. 立项必要性

在进行立项必要性分析时，设备基本情况中应列举全部设备的现状。存在问题及实施必要性也需逐设备描述清晰，应根据设备现状和存在问题进行针对性分析。项目立项依据要与设备现状问题相契合，项目建议书中列举的立项依据应与基本信息中的立项依据保持一致，对于同一设备存在多种问题需援引多条立项依据的，应全部列举。

2. 方案合理性

（1）技术实施方案、停电施工方案、过渡措施方案。项目可研应简要论述技术实施方案、过渡措施方案、停电施工方案，具体要求如图 2-9 所示。

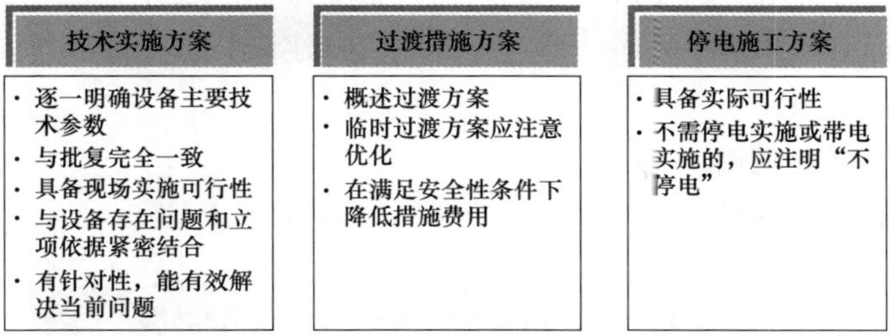

图 2-9　技术实施方案、停电施工方案与过渡措施方案要求

技术方案中的技术参数和设备选型满足当前技术发展要求并适当留有裕度，不得采用落后或已限制使用的设备、技术。

（2）物资拆除。拆除物资处置建议应明确具体。新增项目和不改变设备组部件的项目（如防腐大修、防污闪喷涂）应明确无拆旧，其他项目均应说明拟进行改造或大修的设备（部件）的回收处置范围、技术鉴定意见。

（3）设备材料清单。项目可研中设备材料清单须包含主设备材料，变压器、导线等物料名称、型号等不能为空，具体要求如图 2-10 所示。

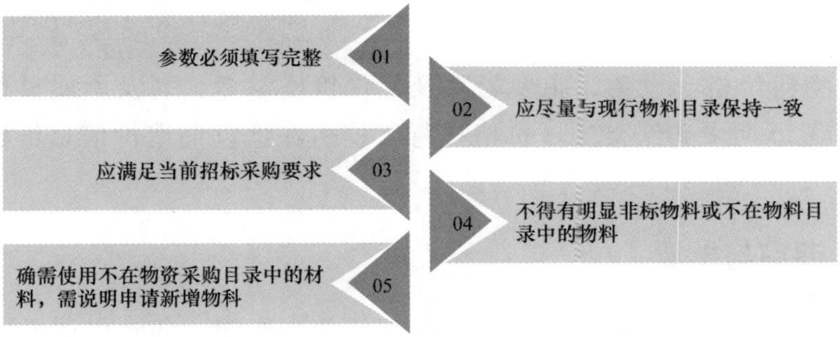

图 2-10　设备材料清单要求

（五）估算书编制

项目估算书作为项目可行性研究报告（建议书）的重要组成部分，所有项目均应编制估算书，随项目审核流程履行审查程序。

1. 估算书编制单位

对于编制可行性研究报告的项目和编制项目建议书的项目，其项目估算书编制略有差异。两者均可委托具备相应资质的工程咨询或者造价咨询机构进行编制。

估算书由电力工程造价从业人员编制，由具备电力工程造价专业执业资格人员校核，并应履行审核和批准程序。但对于编制项目建议书的项目，其估算书也可由项目单位自行编制。

2. 估算书编制要求

估算书编制前应明确以下内容，如图 2-11 所示。

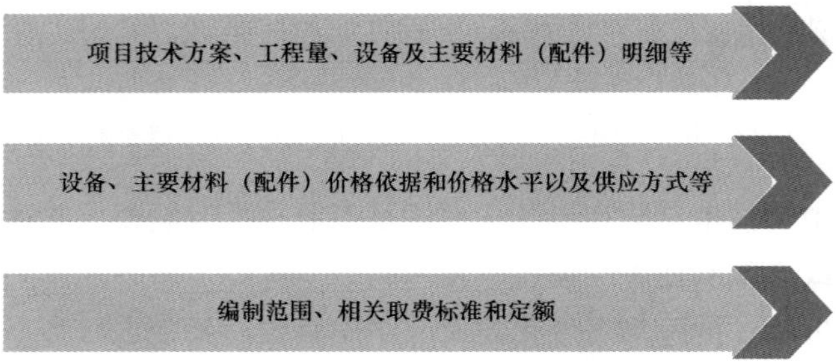

图 2-11　编制估算书前的准备

对于资金，生产技术改造项目可研估算编制阶段原则上使用概算定额，不足部分使用预算定额。对于项目中某项工作内容仅为对应概算定额子目部分内容的，宜参考使用相关预算定额。对于达到施工图设计深度的，宜使用预算定额。

对于物料价格，设备、主要材料及配件价格参考公司及所属单位近期采购结果。无近期采购结果的，价格执行工程所在地近期造价信息价格或市场询价。

三、评审与批复

项目可研评审由各级单位设备管理部门负责组织，各级经研院（所）具体实施，根据需要可邀请专家库成员和相关专业人员参加评审，评审人员应覆盖项目所涉及的专业。通过评审的项目可研由各级单位运检部门根据审批权限批复。

（一）项目可研评审

1. 可研评审流程

各级设备管理部门组织制定项目可研评审计划，有序开展评审工作。项目单位应均衡开展项目可研编制、初审工作。项目可研评审流程如图 2-12 所示。

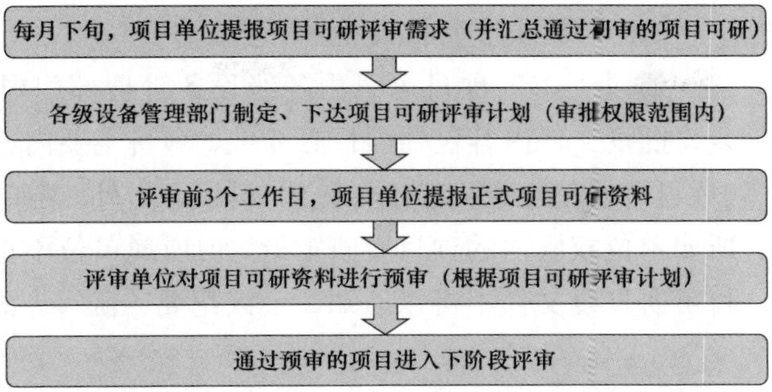

图 2-12　项目可研评审流程

图 2-12 所示流程中提报的正式项目可研资料，即前面提到的项目可研报告或项目建议书、可研初审情况说明等资料。

2. 项目可研评审要点

各级设备管理部门组织经研院（所）开展项目可研评审，根据工作需要可委托有资质能力的咨询单位开展评审工作。评审人员应满足项目评审工作相关要求。项目可研的评审要点如图 2-13 所示。

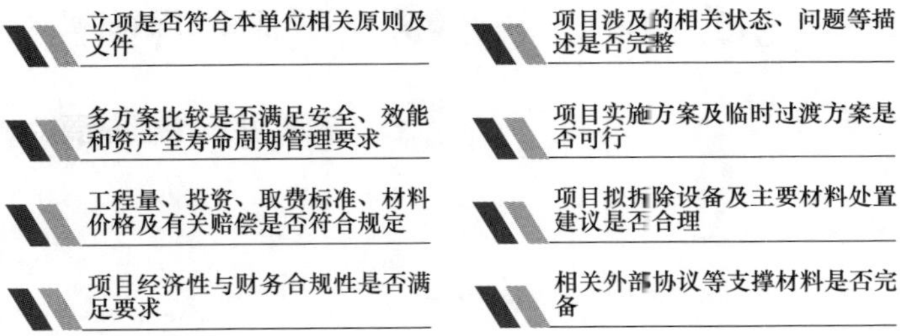

图 2-13　项目可研的评审要点

其中，项目立项应符合的相关原则及文件包括：本单位电网生产技术改造和设备大修原则、各专业反措及专项治理文件等。项目涉及的状态及问题相关描述包括：设备（设施）运行现状、技术资料、故障缺陷分析以及存在问题的描述。

评审单位在评审活动中应综合与会评审人员的审查意见，形成评审会议记录。项目单位应根据评审会议记录在 5 个工作日内提交项目可研修订稿。最后，评审单位根据评审会议记录对项目单位提交的可研修订稿进行复核，在评审会议后 20 个工作日内出具评审意见（模板详见附件三）。

附件三

（二）项目可研批复

通过评审的项目可研由各级设备管理部门根据审批权限批复，批复文件内容包括项目必要性、项目主要内容、投资估算等（项目可研批复意见模板详见附件四）。另外，各单位可延伸开展所属单位权限内的项目可研审批，但所属单位不得越级审批。项目可研批复文件不得以通知、会议纪要、函等方式代替。

附件四

第三节 储备库管理

学习目标

01 了解项目储备库的概念。

02 掌握项目储备评估要点。

知识讲解

一、储备库概念

公司各级单位常态化开展项目储备，储备项目来源于项目需求，项目取得可研评审意见后纳入储备库。储备项目质量和进度应满足专业管理要求，并在全面评估的基础上按照轻重缓急进行评分（级）排序。

储备库中评审意见出具时间超过 3 年的项目，应从储备库移除，若仍有实施必要则须重新履行入库程序。

二、项目储备管理的流程

一般将项目储备管理流程分为项目入库、项目评估、项目定级三个步骤。

（一）项目储备入库

总部各有关部门、分部、各单位根据生产技改大修原则，统筹开展储备项目可研编审工作。按月度将通过审批的项目纳入本单位储备库，并将限上项目和总部、分部、各单位委托运维资产项目可研报送国网运维设备部。国网运维检修部、各单位应按照项目审批权限，完成相应项目可研审批和公司、各单位项目储备库固化。

所申报的项目必须按照《生产技术改造和设备大修项目编报规范》相关要求进行填报，具体如图 2-14 所示。第四条要求中，除生产技改备用项目外，不允许在项目内容未确定的情况下，采用资金切块等方式列储备项目。

图 2-14 储备项目入库申报填报要求

在进行填报时，应填写以下各项：

1. 项目名称

项目名称应包括基层单位、站（线）、设备名称及调度号等内容。基本格式为：项目单位+设备（设施）坐落位置+设备（设施、部件）名称+工作内容。

（1）项目单位。按项目实施单位由高到低逐级填写，各级单位名称建议使用缩写。

（2）设备（设施）坐落位置。不同的坐落位置其填写要求有差异，如图 2-15 所示。

当涉及多个位置时，可列举也可简写为××等站（线、台区），当涉及多个电压等级时，应从最高电压等级的站（线、台区）中选择示例。

（3）设备（设施、部件）名称。设备（设施、部件）名称应逐步统一为规范名称（如断路器、隔离开关、互感器等），输配电线路仅为设备局部或附属设备（设施）技改大修的应予以注明（如仅轮换绝缘子应注明“绝缘子大修”，更换在线监测装置应注明“在线监测设备改造”等）。

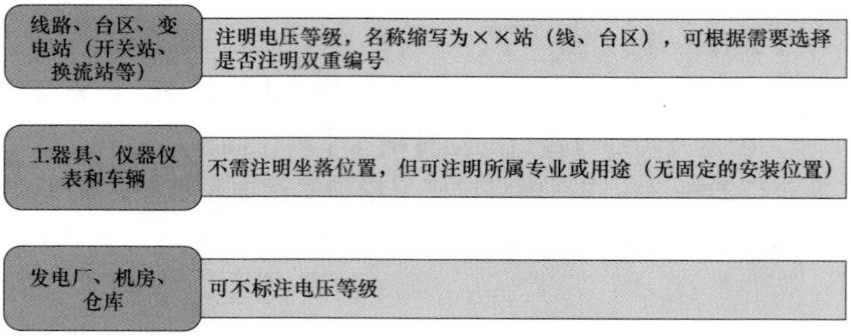

图 2-15　设备（设施）坐落位置填写要求

当涉及多个设备时，可列举也可简写为××等设备（全站设备、综合设备）。除电压等级为“其他”的，应注明设备电压等级，当涉及多个电压等级时，应列举相关电压等级或注明“××kV 及以下”。

（4）工作内容。概述项目的实施内容，如绝缘化大修、防污闪治理等。

2. 专业细分

专业细分为项目所涉及的设备对应的专业。各设备的专业归属，以公司总部各专业管理处室的管理界面为准。同一项目内不同专业的设备配合改造时，以主要设备的专业为准。在填写专业细分时，部分设备（设施）的专业归属如图 2-16 所示。

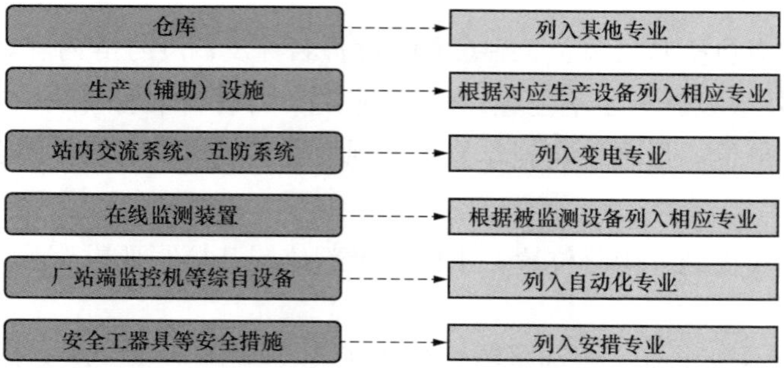

图 2-16　部分设备（设施）的专业归属

除以上设备（设施）专业归属外，对于工器具、仪器仪表、特种车辆，应根据服务对象列入相应专业，同一设备可用于多个专业的则按其主要服务专业划分，无法区分时按输、变、配、保、自、通的顺序确定。

对于消防、安防设施，应根据所处位置和服务对象列入相应专业。变电站内公共消防、安防设施列入变电专业，自动化与通信公用机房的消防、安防设施则列入自动化专业。

此外，通信机房、通信电源、视频会议系统、行政交换机、调度交换机项目应列入通信专业。

3. 电压等级

项目电压等级应按项目内容所涉及的设备（设施）的电压等级填写。同一项目涉及多个设备（设施）的，应按照其中最高的电压等级填写，但二次设备配合一次设备立项的，应按照一次设备电压等级填写。具体如下：

（1）一次主设备。一次主设备的电压等级为设备额定电压，对于电能变换设备（变压器、换流阀），为该设备各侧额定电压中的最高者。

（2）辅助、二次及公共设备。辅助、二次及公共设备电压等级填写要求如图 2-17 所示。

其中，二次设备含随输配电线路一同敷设的 OPGW/ADSS/OPPC 通信光缆线路；全站公共设备包括监控机、远动主机、交换机、规约转换器等厂站自动化公用设备，五防主机，时间同步装置，站用交，直流系统等；与一次设备无直接电气联系的独立二次设备包括单独安装的通信光端机、独立架设的普通光缆、管道光缆等通信线路。

（3）辅助、公共设施。辅助、公共设施电压等级填写要求如图 2-18 所示。

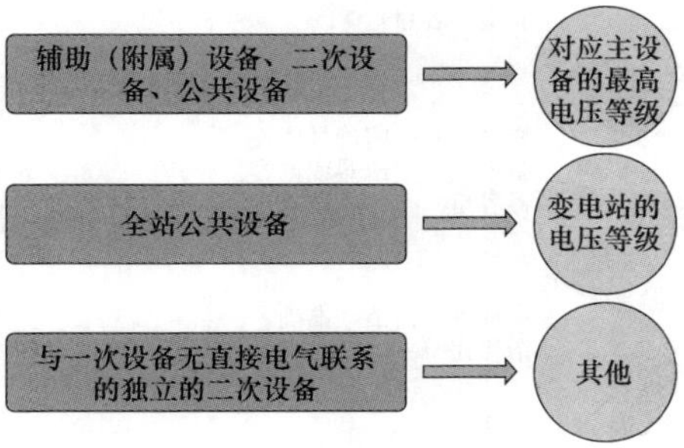

图 2-17 辅助、二次及公共设备的电压等级填写要求

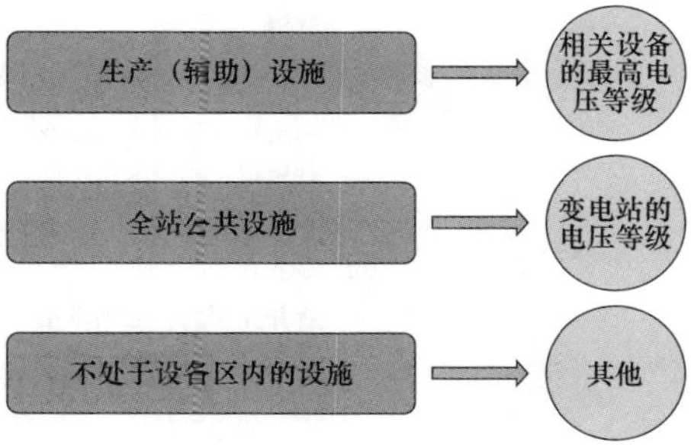

图 2-18 辅助、公共设施的电压等级填写要求

其中，生产（辅助）设施对应相关设备为其接触、临近、承载或容纳的设备；

全站公共设施包括消防系统、安防系统等；不处于设备区内的设施有变电站大门、独立的泵房等。

（4）其他设备（设施）。除以上设备（设施）电压等级规定外，带电作业用工器具、带电作业车辆的电压等级为其所工作的最高电压等级，其他工器具、仪器仪表、特种车辆电压等级为其他。调度主站、中心机房等场所内安装的电力设备，电压等级也为“其他”。此外，考虑到直流站内中性线及相关设备尚无规范的电压序列，以及各设备的分压关系和空间布局，直流项目的电压等级按站填写。

在填写设备（设施）电压等级时，注意事项如图 2-19 所示。

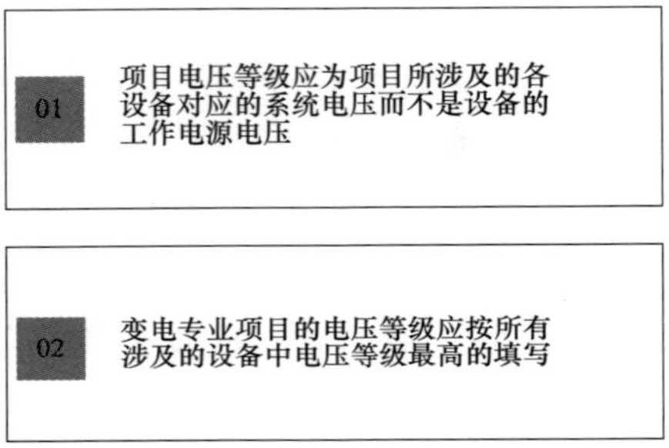

图 2-19　设备（设施）电压等级填写注意事项

4. 项目内容

在填写技改大修项目内容时，填写要求如图 2-20 所示。

图 2-20　技改大修项目内容填写要求

合并立项的，除应列举站线名称外，在项目可研中应进一步明确设备编号和线路杆塔号。还需要特别注意项目内容中不应存在“详见附件”“详见项目建议书”等字样。

5. 总投资

项目总投资金额应与项目可研批复金额一致。

6. 设备台账关联

对现有设备进行改造或大修的项目应关联现有设备的设备台账，一个项目涉及多个设备的，应逐一进行关联。根据 PMS2.0 系统（电网生产信息管理系统）应用进度和各设备专业管理要求，未纳入 PMS2.0 系统管理的设备台账可暂不关联。在设置设备台账关联时，可（暂）不设置台账关联项目，如图 2-21 所示。

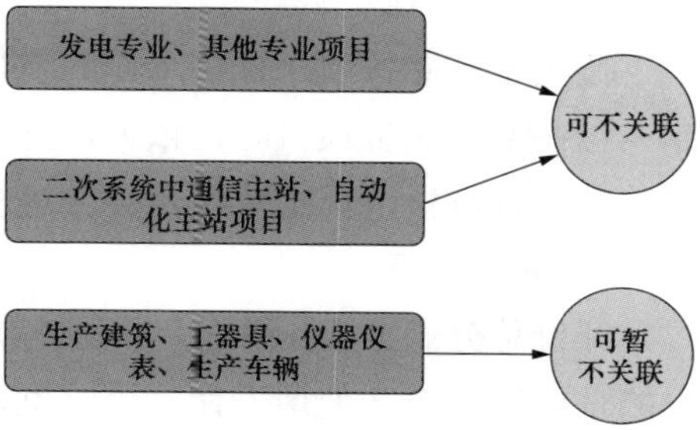

图 2-21 可（暂）不设置设备台账关联项目

7. 规模成效

项目规模为必填项，项目成效为选填项，当无合适的项目成效时，应留空不填。规模成效中的数量应为项目实施后的数量。

基本信息中的“项目内容”“项目规模”应与项目建议书（可研报告）中相应描述保持一致，“项目成效”根据实际情况统计，小于等于“项目规模”。一个项目含有多类设备时，应分别统计规模，一个项目可达到多个治理目的时，应分别统计成效。在填写成效规模时，其具体要求如图 2-22 所示。

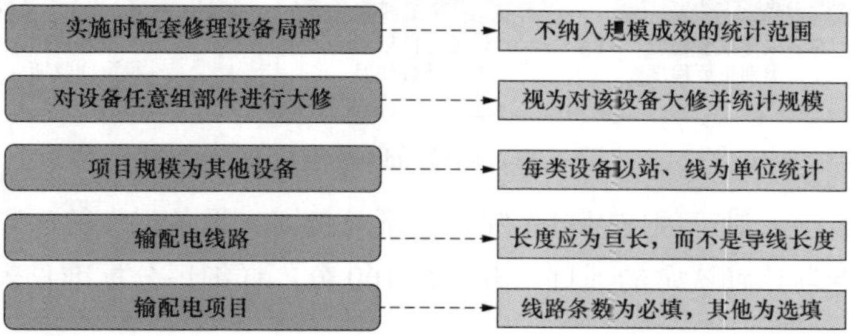

图 2-22 填写规模成效的要求

其中，对改造项目实施时配套对部分设备局部修理，如变电站综合自动化设备改造时同步对隔离开关辅助节点进行更换；项目规模为其他设备（设施）时，每类设备以站、线为单位进行统计，每站（线）统计为 1 套。

除以上要求外，对于变电站综合自动化等系统，对系统内的个别设备（如监控机、远动机）进行改造或新装时，在填写项目规模和项目成效时不应按系统进行统计，应按单个设备统计。如监控机更换项目，项目规模的类别为“厂站自动化设备”而不是“变电站综合自动化系统”，项目成效的类别为“厂站自动化设备改造”而不是“变电站综合自动化系统改造”。五防主机更换项目，规模类别为其他。

另外，关于填写单位，系统配变容量默认单位为 MVA，电容电抗容量默认单位为 Mvar，线路长度默认单位为 km，检查时应注意数量级错误。

（二）储备评估

储备评估工作按照“统一管理、统一流程、分级负责”的原则有序开展。

1. 评分流程

技改大修储备项目评估工作的责任主体是各单位设备专业管理人员。项目编制人员在编制储备项目时，依据评分方法完成储备项目评价打分，各级评审人员在储备项目审核过程中对项目评分进行审核。

2. 分数设置

评价总分满分为 100 分，分别考虑项目需求的紧迫性、设备（设施）在电网内的重要性、资产使用寿命三个维度，另设置加分项 5 分，总分值若大于 100 分按照 100 分计列。具体评分方法如图 2-23 所示。

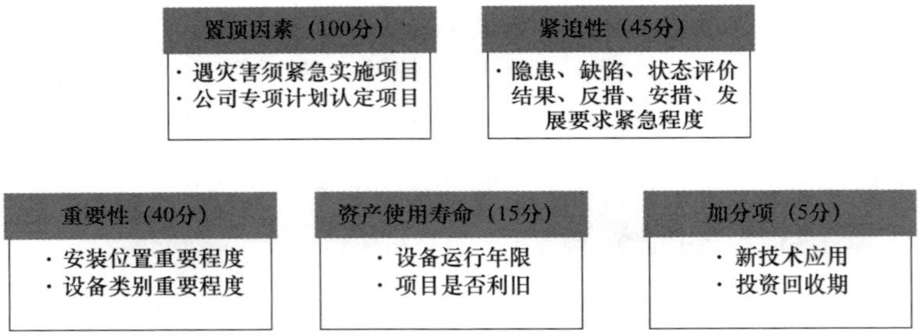

图 2-23　储备项目评分方法

置顶因素中，对于因应对自然灾害、不可抗力、设备损坏等须紧急实施的项目以及公司专项计划认定的项目，直接得 100 分，详细评分标准见表 2-1。

表 2-1　　项目评分标准

<table>
<tr><th>划分依据</th><th>评分维度</th><th>评 分 内 容</th><th>评 分 说 明</th></tr>
<tr><td rowspan="3">置顶因素</td><td rowspan="3">置顶因素</td><td colspan="2">分值（100 分）</td></tr>
<tr><td>因电网（设备）故障或自然灾害等原因造成设备、设施报废或严重受损等需紧急实施的项目</td><td>年度内因自然灾害引发的电网生产性设备抢修、突发性电网设备质量事故（障碍）抢修以及因外力破坏等原因引发的应急抢修项目</td></tr>
<tr><td>公司统一部署且短期内需要完成的专项整治项目</td><td>以国网公司统一部署的相关文件、通知为准</td></tr>
</table>

续表

划分依据	评分维度	评分内容	评分说明
紧迫性	隐患等级、缺陷、状态、反措要求；安措；发展要求；辅助设施	第一类（45分）	
		（1）设备、设施存在重大隐患可能随时导致电网、设备、人身事件的项目	《国家电网公司安全隐患排查治理管理办法》
		（2）设备核心部件存在严重缺陷、无法简单处理，需尽快实施大修或改造的项目	（1）核心部件：作为资产主要组成部分的设备主要部件（如变压器套管、分接开关及冷却装置，断路器操作机构及套管等）。 （2）严重缺陷：国家电网公司电网设备缺陷管理规定（国家电网企管〔2014〕752号）：严重缺陷是指电网设备在运行中发生了偏离且超过运行标准允许范围的误差，对人身或设备有重要威胁，暂时尚能坚持运行，不及时处理有可能造成事故的缺陷
		（3）因电网发展或系统升级等原因导致设备技术参数无法满足现场运行要求等需实施的项目	《生产技术改造和设备大修原则》：因电网发展需要，设备的主要技术参数（额定电压、电流、容量、变比等）不能满足安装地点要求的设备
		（4）因设备、设施自身状况不良，高温大负荷或低温冰冻等情况下可能引起电网、设备、人身事件的项目	修改原因：根据《国家电网公司生产技术改造原则》（运检计划〔2015〕60号）1.4设备已停产，制造厂已不能提供备品备件和技术服务，备品备件不满足下一个运行周期最低需求的，应安排更换
		第二类（40分）	
		（1）设备、设施存在重大隐患可能随时导致电网、设备、人身事件的项目	《国家电网公司状态检修评价导则》
		（2）不满足反措要求，短时间仍可安全运行的项目	《国家电网公司十八项电网重大反事故措施》（修订版）国家电网公司关于印发水电厂重大反事故措施的通知（国家电网基建〔2015〕60号）、《国家电网公司防止直流换流站单、双极强迫停运二十一项反事故措施》（国家电网生〔2011〕961号）等反措文件
		（3）急需落实的安全技术措施、应急措施和预防事故措施项目	（1）关于印发《国家电网公司电力安全工作规程　变电部分》《国家电网公司电力安全工作规程 线路部分》2项标准的通知（国家电网企管〔2013〕1650号）《国家电网公司电力安全工作规程　第三部分：水电厂动力部分》Q/GDW 1799.3—2015。 （2）《国家电网公司应急物资管理办法》[国网（物资/2）126—2013]

续表

划分依据	评分维度	评分内容	评分说明
紧迫性	隐患等级、缺陷、状态、反措要求；安措；发展要求；辅助设施	（4）家族性缺陷设备项目	《输变电设备状态检修试验规程》第3.1.12条家族缺陷：经确认由于制造厂设计、材质、工艺等同一共性因素导致的设备缺陷或隐患称为家族缺陷。如某设备出现家族缺陷，则具有同一设计、和/或材质、和/或工艺的其他设备，不论其当前是否可检出同类缺陷，在这种缺陷或隐患被消除之前，都称为有家族缺陷设备
		（5）因电网发展或系统升级等原因导致设备技术参数无法满足现场运行要求等需实施的项目	《生产技术改造和设备大修原则》：因电网发展需要，设备的主要技术参数（额定电压、电流、容量、变比等）不能满足安装地点要求的设备。（系统短路电流超过设备自身额定动稳定电流90%及以上）
		第三类（35分）	
		（1）状态评价为异常设备的项目	《国家电网公司状态检修评价导则》
		（2）对运行环境有较大影响的项目	《国家电网公司环境保护监督规定》（国家电网企管〔2014〕455号）第4章“生产运行环境保护监督”
		（3）检修超周期设备项目	《输变电设备状态检修试验规程》4.4 基于设备状态的周期调整
		第四类：其他需尽快实施的项目（30分）	
重要性	安装位置	第一类（20分）	
		（1）Ⅰ类站项目	《国家电网公司无人值守变电站运维管理规定》[国网（运检/4）302—2014]
		（2）跨区、跨省重要输电通道项目	《国网运检部关于开展重要输电通道2016年风险评估和治理工作的通知》（运检二〔2016〕27号） 国网公司级重要输电通道包括：特高压交直流输电线路组成的通道；两回及以上中心距离一般不超过600m的重要输电线路组成的通道，通道内线路同时故障时，构成三级及以上区域或省级电网事件
		（3）跨区、跨省重要通信通道项目	各单位依据国家电力监管委员会《关于加强重要电力用户供电电源及自备应急电源配置监督管理的意见》（电监安全〔2008〕43号），结合本单位营销等相关要求进行划分

续表

划分依据	评分维度	评分内容	评分说明
重要性	安装位置	（4）特级重要客户直接供电设备	国能新能〔2013〕318号《关于印发抽水蓄能电站调度运行导则的通知》1.2本导则用于指导和规范总装机容量30万kW及以上常规抽水蓄能电站的调度和运行工作，混合式和中小型抽水蓄能电站可参照执行。5.1电力调度机构应根据电站提出的机组检修计划，合理安排蓄能机组各级别检修间隔和检修工期
		第二类（15分）	
		（1）Ⅱ、Ⅲ类站项目	《国家电网公司无人值守变电站运维管理规定》[国网（运检/4）302—2014]二类变电站是指除一类变电站以外的其他750/500/330kV变电站，电厂外送变电站（100万kW及以上、300万kW以下）及跨省联络220kV变电站，主变或母线停运、开关拒动造成四级及以上电网事件的变电站三类变电站是指除二类以外的220kV变电站，电厂外送变电站（30万kW及以上，100万kW以下），主变或母线停运、开关拒动造成五级电网事件的变电站，为一级及以上重要用户直接供电的变电站
		（2）重要输电通道	《国网运检部关于开展重要输电通道2016年风险评估和治理工作的通知》（运检二〔2016〕27号）省公司级重要输电通道由两回及以上中心距离一般不超过600m的重要输电线路组成，通道内线路同时故障时，构成四级区域或省级电网事件
		（3）重要通信通道项目	各单位依据国家电力监管委员会《关于加强重要电力用户供电电源及自备应急电源配置监督管理的意见》（电监安全〔2008〕43号）结合本单位营销等相关要求进行划分
		（4）一级重要用户直接供电设备	国能新能〔2013〕318号《关于印发抽水蓄能电站调度运行导则的通知》1.2本导则用于指导和规范总装机容量30万kW及以上常规抽水蓄能电站的调度和运行工作，混合式和中小型抽水蓄能电站可参照执行。5.1电力调度机构应根据电站提出的机组检修计划，合理安排蓄能机组各级别检修间隔和检修工期

续表

划分依据	评分维度	评分内容	评分说明
重要性	安装位置	第三类（10分）	
		（1）Ⅳ类站项目	《国家电网公司无人值守变电站运维管理规定》［国网（运检/4）302—2014］：四类变电站是指除一、二、三类以外的35kV及以上变电站
		（2）其他重要用户直接供电设备	各单位依据国家电力监管委员会《关于加强重要电力用户供电电源及自备应急电源配置监督管理的意见》（电监安全〔2008〕43号），结合本单位营销等相关要求进行划分
		第四类：其他（5分）	
	设备类别	第一类（20分）	
		发、输、变、配及二次系统等主要设备设施及其部件	主设备：指主导流回路设备及相应继电保护装置，如主变压器、GIS等设备。核心部件：作为资产主要组成部分的设备主要部件（如变压器套管、分接开关及冷却装置，断路器操作机构及套管等）
		第二类（15分）	
		发、输、变、配及二次系统辅助设备及其附属设	
		第三类：其他（10分）	
资产使用寿命	改造/修理对象	第一类（10分）	
		第一类：运行年限超过折旧年（10分）	各单位参照《国家电网公司固定资产分类及折旧年限表》，确定本单位各类设备折旧年限
		第二类（8分）	
		运行年限达到折旧年限2/3及以上	各单位参照《国家电网公司固定资产分类及折旧年限表》，确定本单位各类设备折旧年限
		第三类（6分）	
		运行年限达到折旧年限1/2及以上	各单位参照《国家电网公司固定资产分类及折旧年限表》，确定本单位各类设备折旧年限
		第四类：其他（4分）	

续表

划分依据	评分维度	评分内容	评分说明
资产使用寿命	项目需求物资	第一类（5分）	
		项目需求主要设备利旧	
		第二类（2分）	
		项目需求主要材料利旧	
加分项	新技术应用	使用了新技术、新材料、新标准（2分）	
	投资回收期	第一类（3分）	
		投资回收率=100%	投资回收率=10×（年平均运维成本+检修成本+故障成本）/项目投资
		第二类（2分）	
		投资回收率区间为 60%～100%（含60%，不含100%）	查看投资回收期第一类
		第三类（1分）	
		投资回收率区间为 30%～60%（含30%，不含60%）	查看投资回收期第一类

（三）项目定级

技改储备项目储备定级分为两类：一是根据项目评分对项目进行储备级别划分；二是对部分项目单独设置“优先实施”或“延缓实施”标识。

1. 储备级别

技改大修储备项目定级是指分专业、分单位依据项目评分将储备项目从高至低进行排序，并按照储备项目总投资额 4:3:2:1 的比例划分为 A、B、C、D 四个级别（以下简称“储备级别”），如图 2-24 所示。

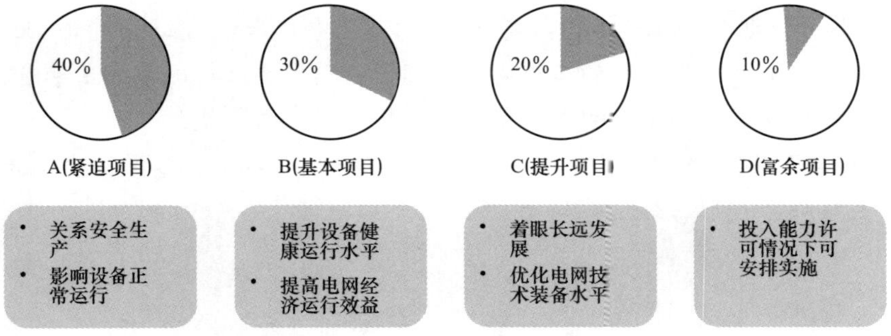

图 2-24　储备项目评级

2. “优先实施”或“延缓实施”标识

考虑到项目的协调配合及停电安排等因素，除储备级别外，另根据需要对部分项目设置“优先实施”或“延缓实施”标识，如图 2-25 所示。

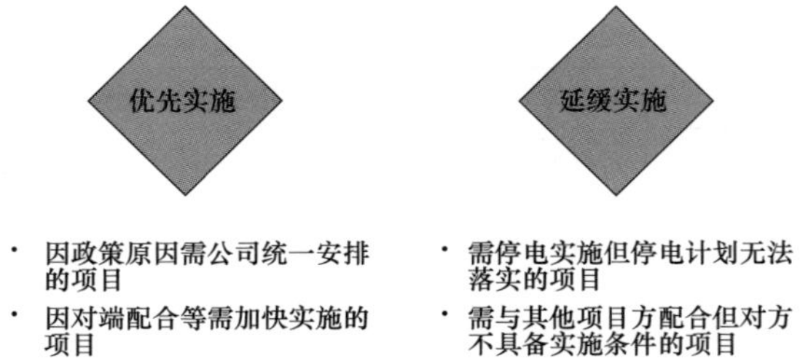

图 2-25　设置“优先实施”或“延缓实施”标识的项目

当项目实施条件发生变化时，各单位应根据需要及时修改“优先实施”“延缓实施”标识。

任务挑战

1. 能够被纳入项目储备库的项目需要达到何种标准?

【解析】 项目最后能否被纳入储备库取决于项目储备评估结果。评估主要从项目需求的紧迫性、设备（设施）在电网内的重要性、资产使用寿命三个维度开展。最后，达到各个维度评分标准，且评估后综合得分居于前列的项目即可被纳入储备库。

2. 项目储备管理中我们需要重点关注什么?

【解析】 在项目被正式作为储备项目前，需要经过规划、立项、可研等阶段。其中规划和可研是我们需要关注的重点。具体来说，在这两个阶段中，我们要重点关注项目规划的四个要点、可研的编制要求与评审要点等内容。

3. 项目储备管理中有哪些常见错误，我们应如何避免?

【解析】 结合生产技改项目储备工作实际，思考存在哪些经常出现的错误，总结经验教训后加以避免。

第三章

实施计划管理

本章内容

生产技改项目在完成可研审批后已有了明确的项目规模、资金、实施条件等内容，但并没有细化到项目实施各环节中进度、质量与资金的合理分配上。为实现项目目标，我们需对项目实施过程进行控制，而实施控制的前提是确定合理的目标、制定科学的计划。因此，为在项目实施时获得合理的资源安排，在项目实施前，规划项目实施的全过程，合理预估各环节的进度和资金分配，制定项目实施计划显得非常必要。

本章主要介绍电网生产技改从项目投资计划下达开始到项目结算、决算实施全过程的各个节点。以电网生产技改项目实施流程为轴贯穿整个实施过程，详细讲述编制实施计划时各节点的内容、制定的条件、相互之间的联系与制约，为项目在实施时做出时间、空间、资源的合理安排及控制提供依据。

知识脉络

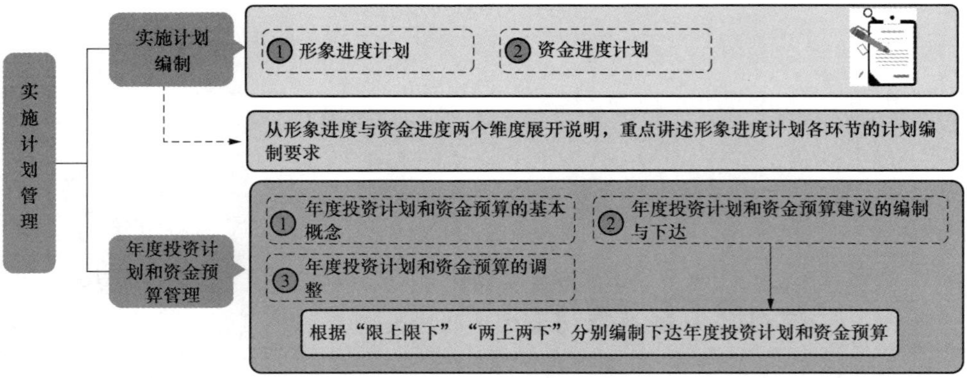

任务思考

1. 形象进度计划的主要内容及时间节点有哪些？
2. 项目实施计划对于生产技改项目有何意义？
3. 年度投资计划与资金预算的编制依据是什么？

第一节　实施计划编制

学习目标

01 明确生产技改项目实施计划包含的节点及各节点的编制要求。

02 掌握生产技改项目实施计划各节点间的逻辑关系。

编制生产技改项目实施计划时，应综合考虑项目下达时间、物资招标与生产周期、停电计划安排、施工时间等因素，合理分配各个环节实施时间，保留适当余地，确保在项目生命周期内得到精确实施。

生产技改项目实施计划的编制主要依据生产技改项目执行程序。生产技改项目执行程序是项目从策划、评估、决策、设计、施工到竣工验收、投入生产或交付使用的整个执行过程中，各项工作必须遵循的先后工作次序。各个阶段的工作之间存在着严格的先后次序，前后工作不得任意颠倒，但可以进行合理的交叉。建设项目执行程序是工程建设过程的客观反映，也是执行项目科学决策和顺利进行的重要保证。

生产技改项目的实施计划按不同维度可划分为形象进度计划和资金进度计划，实施计划的编制也从这两个维度按时间顺序分别编制。

知识讲解

一、形象进度计划

项目的形象进度用文字或结合数字，简明扼要地反映项目实际达到的形象部位，借以表明该项目的总进度（如采购、合同签订、开工）。项目形象进度是表明项目活动进度的主要指标之一。

（一）形象进度计划的主要内容

形象进度计划内容主要包括以下节点时间计划，如图 3-1 所示。

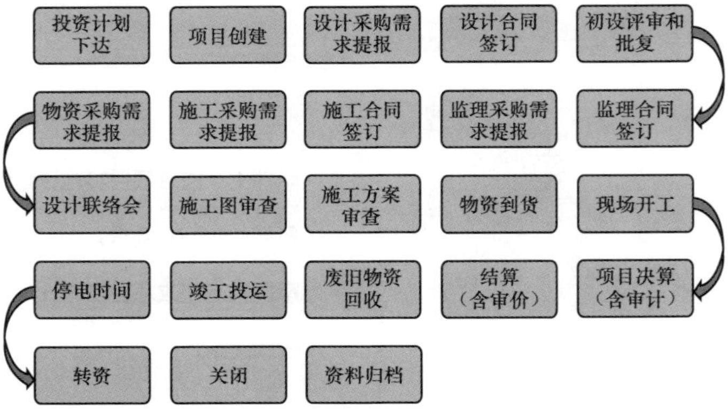

图 3-1　形象进度计划主要内容

（二）形象进度计划编制的要求

生产技改项目的形象进度计划各节点环环相扣，紧密联系，并须严格遵照项目实施的程序有序推进，某些节点间还有明确的时间限制。以下对形象进度计划中各环节进行详细说明。

（1）投资计划下达。项目在投资计划下达后开始实施，即项目投资计划下达为项目实施的起点。下达投资计划的项目来源于项目储备库，投资计划由各级综合计划管理部门按职责权限发文下达。

（2）项目创建。项目投资计划下达后，需在项目管控系统中按投资计划下达的内容完成项目信息维护，即创建项目。项目创建完成的同时还需在项目管控系统中完成项目各项费用组成构架的搭建，项目创建的内容如图 3-2 所示。

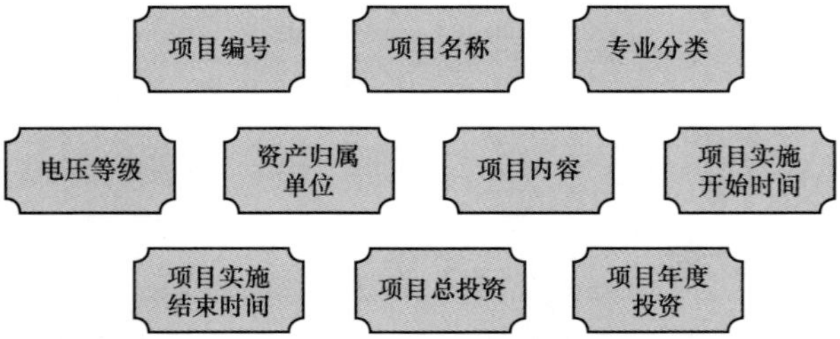

图 3-2　项目创建的内容

（3）设计采购需求提报。电网生产技改项目一般均需对改造对象进行设计，以满足设备采购订货及工程实施需要等要求。设计招标采购的方式有：费率结算的框架协议采购、总价结算的控制价采购。为加强项目可研编制深度，提高项目实施效率，可采用项目可研设计一体化招标，可研设计一体化招标一般采用框架协议采购。设计采购涉及范围如图 3-3 所示。

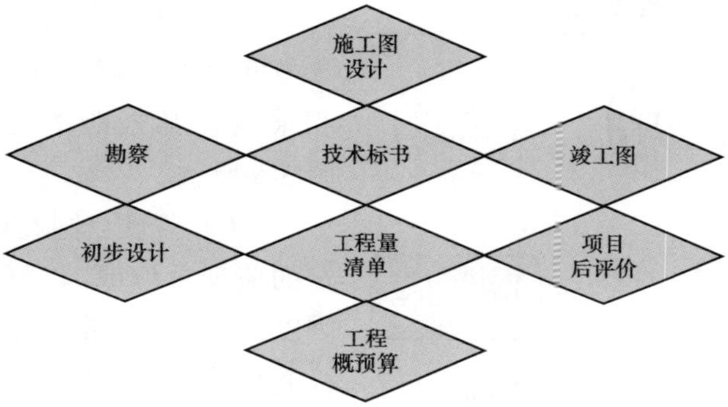

图 3-3　设计采购涉及范围

（4）设计合同签订。经招标采购确定的设计单位或因项目紧急实施等原因以会议纪要确定的设计单位，应在中标通知书获取后一个月内、项目开展设计前与项目单位完成设计合同签订。

（5）初设编制、评审和批复。电网生产技改限上项目、单项投资总额在 200 万元及以上并包含建筑安装工程的限下项目均需开设初步设计编制。设计单位根据可研批复的项目实施内容与合同约定完成初步设计文件的编制后，由各级项目单位按职责权限委托评审单位进行评审，评审单位将评审结论以评审意见的形式总结并反馈设计单位与项目单位。初设批复由各级项目单位按职责权限负责，批复的初步设计文件是项目实施和造价控制的主要依据。

（6）物资采购需求提报。根据初设评审意见，设计单位编制甲供物资清单，项目单位按电网各级物资管理部门分工和采购计划选择适合的采购途径申报物资采购需求。

（7）施工采购需求提报。施工采购分为框架协议采购、费率采购和工程量清单采购，其采购类型及采购时间如图 3-4 所示。

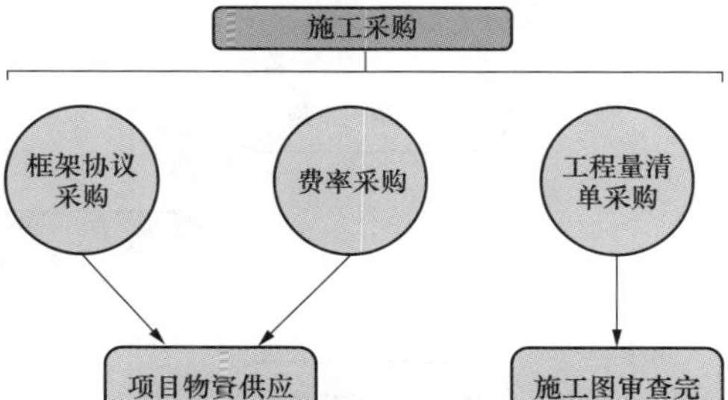

图 3-4　施工采购类型及采购时间

一般为确保项目工程量清单的准确性，工程量清单采购宜在施工图审查完成后组织编制工程量清单和控制价，再提报采购申请。

（8）施工合同签订。经招标采购确定的施工单位或因项目紧急实施等原因以会议纪要确定的施工单位，应在中标通知书获取后1个月内、项目现场开工前与项目单位完成施工合同签订。

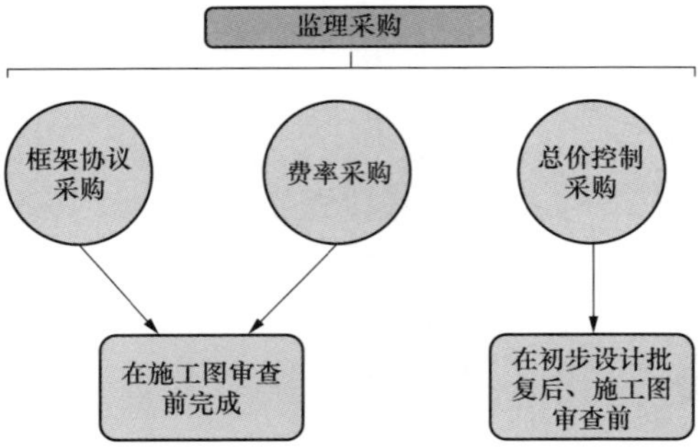

图3-5　监理采购类型及采购时间

（9）监理采购需求提报。监理采购分为框架协议采购、费率采购和总价控制采购，其采购类型及采购时间如图3-5所示。

（10）监理合同签订。招标采购确定的监理单位或因项目紧急实施等原因以会议纪要确定的监理单位，应在中标通知书获取后1个月内、项目施工图审查前与项目单位完成监理合同签订。

（11）设计联络会。设计单位需根据物资供应商提供的设备参数来开展施工图设计，项目单位需根据物资的供货时间来确定设备现场安装时间。设计联络会一般在主要物资供应商确定后组织召开。

（12）施工图编制与审查。设计单位根据批准的初步设计文件和供货商提供的设备参数完成施工图设计和施工预算编制后，项目单位组织或委托评审单位进行审查。审查通过后的施工图是项目施工方案编制的依据，施工图预算是项目施工工程量清单编制和施工费结算的依据。

（13）施工方案审查。施工单位需根据设计文件和施工合同约定组织编写施工方案。并经项目单位审查通过后方可开展现场开工。施工方案主要内容如图3-6所示。

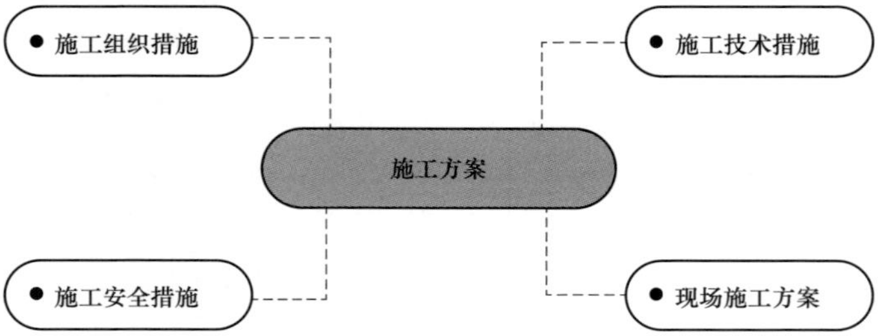

图3-6　施工方案的主要内容

（14）物资到货。为确保项目施工工期按计划执行，物资材料需在项目现场施工前，根据项目施工进度计划分批或一次性完成供货。

（15）现场开工。施工单位在施工方案审查通过后，向项目监理单位或项目单位提出开工申请，开工申请审批通过后方可进行现场施工。

（16）停电时间。涉及停电施工的项目需在项目开工前由项目单位申请停电计划并召开停电协调会，以确保项目按期实施。停电时间应明确到每一间隔、每个停电时间段。

（17）竣工投运。项目施工安装完毕后，经施工单位自验收后，施工单位需向项目监理单位或项目单位提出验收申请。验收通过后设备方可投运。

（18）废旧物资回收。项目监理单位或项目单位应督促施工单位安全、完整回收废旧物资，废旧物资回收情况作为施工费结算的依据之一。

（19）结算（含审价）。项目竣工投运后，各单位需分别编制相关结算书（单），如图 3-7 所示。并送交项目单位审核，施工费可委托第三方咨询单位审价并出具审价报告，各项费用需经审核通过后方可入账。项目结算要求在项目竣工投运后 60 日内完成并形成结算报告。

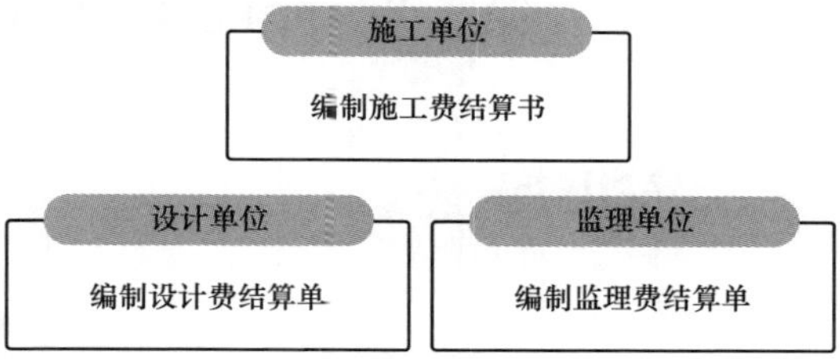

图 3-7 各单位对应的结算书（单）

（20）项目决算（含审计）。项目结算报告完成后，项目单位财务部门组织编制项目竣工决算报告。决算报告需经审计并出具审计报告。决算报告可委托第三方咨询单位审计。决算报告要求在项目竣工投运后 90 日内完成。

（21）转资。资产保用管理单位根据项目决算报告，建立设备台账，提交财务部门办理转资手续。

（22）关闭。项目转资后即完成在建工程的所有内容，可实现项目关闭。

（23）资料归档。项目资料应在项目竣工投运 3 个月内完成归档，并按有关规定向档案管理部门移交全套档案。

二、资金进度计划

项目资金进度计划是对项目资金需求的动态预测，依据项目投资规模和改造进度，准确预测项目款项支付金额与时间，形成远、中、近期项目资金需求预测结果，为项目年度投资预算和月度现金流量预算编制提供重要参照。

（一）资金进度计划的主要内容

资金进度计划的主要内容为设计、施工、监理等服务费的预付款、进度款和结算款，以及物资款的支付时间与金额计划。

（二）资金进度计划编制的要求

项目资金进度计划需根据项目形象进度计划和各类合同约定制定。项目预付款比例原则上不低于合同金额（扣除暂列金额）的10%，不高于合同金额（扣除暂列金额）的30%。项目工程进度款根据确定的工程计量结果，承包人向发包人提出支付项目进度款申请，并按约定抵扣相应的预付款，进度款总额不低于已完项目合同价款的70%，不高于已完项目合同价款的90%，剩余项目价款应在工程验收并完成结算审价和竣工资料整理后，以经确认的竣工结算报告为结算依据，扣除合同约定的工程质量保证金后按国家有关规定的期限（合同约定有期限的，从其约定）进行项目结算。

第二节　年度资金计划和资金计划管理

学习目标

01 了解年度投资计划和资金预算的基本概念。

02 掌握年度投资计划和资金预算的编制与下达要求与流程。

03 了解项目调整的情形、原则，重点掌握项目调整类型。

项目实施的进度管理从形象进度管理和资金进度管理两方面来推进项目实施。投资是用货币来表现项目实施的形象进度，项目的形象进度有前期、采购、签订合同、物资到货、开工、投运等，分别代表项目的投资完成率，比如分别为0、10%、30%、50%、70%、100%。资金则是项目实施所需支付的各类费用，项目的费用组成主要有建筑工程费、安装施工费、设备费、设计费、监理费、其他项目管理费等。项目投资按含增值税计算，项目资金一般不含增值税。根据企业综合计划管理和财务资金管理规定，项目实施的投资计划和资金计划以年度为计划期，跨年实施项目需分年度申请投资计划与资金预算。

知识讲解

一、年度投资计划和资金预算的概念

年度投资计划是指计划期为一年，以货币表现固定资产建设工作量的计划。年度投资计划的主要任务是，全面平衡计划年度内的财力、物力和人力，进一步落实中期投资计划的分年任务；在认真分析有利因素和不利条件的基础上，制定实施计划的技术经济政策和组织措施。

年度资金预算是指对项目在计划年度内支出情况所做的计划。年度资金预算根据预测的各年工程进度，将总投资预算逐年分解形成，用于工程成本分年度过程管控。

二、年度投资计划与资金预算建议的编制与下达

项目管理单位根据项目实施计划以计划期（年度）为周期申请项目的投资计划和资金预算，年度内项目实施的目标是完成已下达的投资和资金。

（一）年度投资计划编制与下达

生产技改项目年度投资计划是企业年度综合计划管理的专项内容之一，按照项目投入程度和建设规模分为“限上”“限下”两类管理。项目执行常态储备，完成项目可研评审即可纳入储备，可研批复后，方可纳入综合计划安排。年度计划编制与下达流程如图 3-8 所示。

（1）根据企业计划和预算工作安排，分部、各单位综合考虑本单位经营管理、项目储备等情况，编制本单位年度计划和预算投入规模总控建议，履行内部决策程序后报上级单位。

（2）上级单位下达总控目标后，各级项目管理单位统筹考虑专业工作重点、采购周期、停电计划等因素，合理确定项目实施周期和年度投资，形成项目计划及预算建议（含业扩配套电网技改项目包）。计划建议组成项目必须来源于项目储备库。

（3）上级单位履行决策程序后，下达限上项目明细及分部、各单位限下项目的投资规模。

（4）在限下项目投资规模内，各级项目管理组织一次性或分批分解下达项目明细。如需对未分解的项目明细进行替换，须先履行本单位决策程序，再分解下达。

（5）纳入综合计划的项目，应在计划下达前完成可研批复。

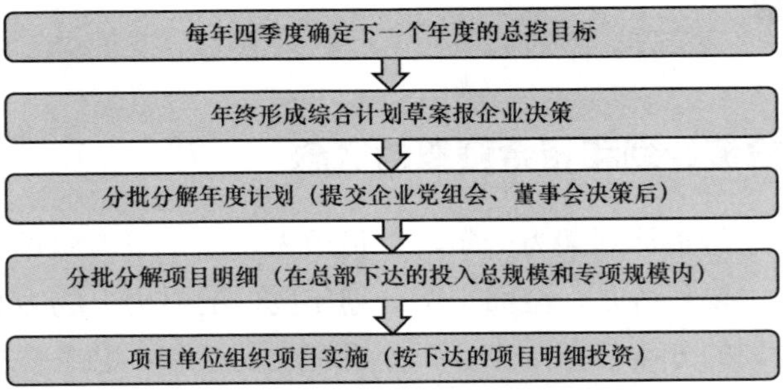

图 3-8　年度计划编制与下达流程

（二）年度资金预算编制与下达

年度投资预算编报及审核工作执行“两下两上”预算管理流程，如图 3-9 所示。

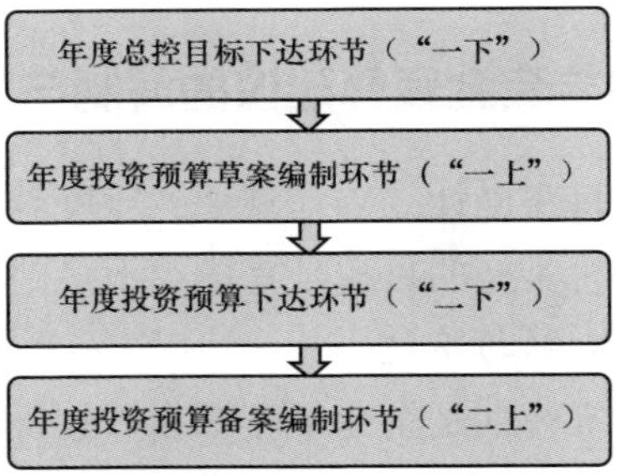

图 3-9　“两下两上”预算管理流程

（1）上级单位财务部会同发展部提出下一年度工程投资预算总控目标，报企业预算决策机构审定后，由上级单位财务部统一下达至各单位。

（2）各单位依据下达的年度总控目标，按照“限上项目编制明细、限下项目管控规模”的原则，将纳入年度计划草案的工程和以前年度结转工程，编制工程投资预算并上报国网财务部。其中：限上项目按建筑工程费、安装工程费、设备购置费及其他费用维度逐项编制，限下项目打包编制。

（3）上级单位财务部汇总审核各单位上报年度投资预算草案数据后，形成企业工程投资预算草案，履行企业决策流程后予以下达。

（4）各单位按照总部“二下”工程投资预算，分解到具体工程及明细成本费用，汇总审核后形成工程投资预算报备方案，并按备案时限上报上级单位财务部。

三、年度投资计划和资金预算调整

项目实施存在计划外的不确定因素，因客观条件发生变化，导致项目方案变更需调整在建项目的投资计划，或者因外界原因需临时新增或减少项目，这些调整须遵循企业要求的调整原则和调整程序。

（一）调整情形

发生如图 3-10 所示情形，可对相应项目进行调整。

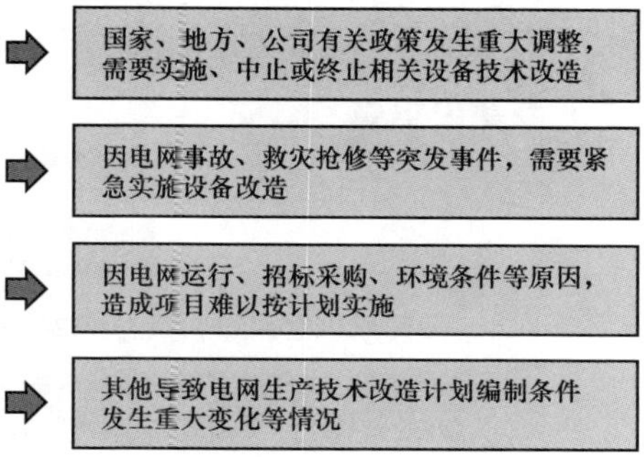

图 3-10 计划与预算调整情形

（二）调整原则

按照“谁下达，谁调整”原则，履行计划和预算调整程序。限上项目明细、限下项目投资规模变化由总部履行综合计划和预算调整程序；限下项目投资规模内调整，由分部、各单位履行各自计划和预算调整程序。

在工程投资预算“二上”备案后，各单位可根据建设项目实际执行情况和预计工程成本发生情况开展日常调整。对于生产技改项目，在不突破专项年度投资预算规模的前提下，自主调整项目预算 15%以内变动的事项。

（三）调整类型

项目调整类型共有项目调增、项目调减、项目调整三种，如图 3-11 所示。

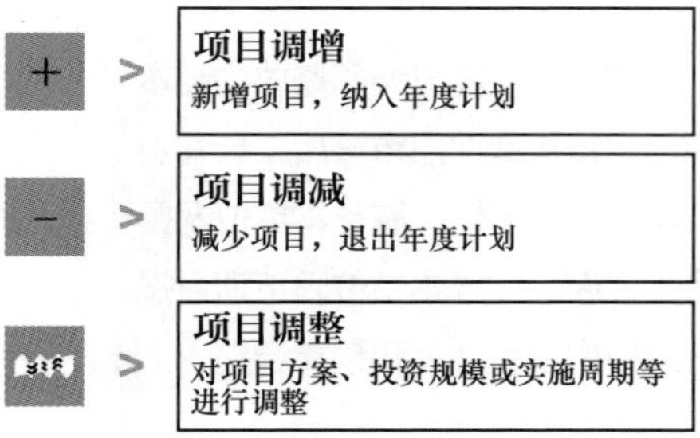

图 3-11 项目调整类型

1. 项目调增

项目调增指根据实际需求新增的项目，需要调整纳入年度计划。调增项目必须来源于储备库且完成可研批复，所需预算优先在本单位限下项目投资规模内平衡。应急项目、公司指定加快实施项目等调增需求，按照管理权限纳入公司综合计划和预算调整。

2. 项目调减

项目调减指已不具备实施条件或实施必要性的项目，需要在年度计划中退出。项目调减应按照管理权限履行调整程序。

3. 项目调整

项目调整指下达项目实施条件发生变化，需要对项目方案、投资规模或实施周期等进行调整。因实施方案变化导致资金重大调整的项目，应重新履行可研审批程序和计划调整程序。仅因招标采购因素引起投资变化的项目，不需重新履行可研审批程序，但当年投资变化超过 15%时需履行计划调整程序。

知识锦囊

知识点：预安排项目计划

预安排项目来源于项目储备库，且完成可研批复，原则上预安排项目须全部纳入次年计划安排，当年可提报物资和服务招标需求，不得发生资金支出。一般对**次年初急需实施的项目**进行预安排，衔接物资招标，保障项目实施。各级单位按职能划分负责下达本级单位管理项目预安排，下达后原则上不得退出。

编制与下达的流程

- 上级设备管理部门根据企业年度预安排计划工作要求，适时启动预安排项目编制工作。
- 各级项目管理单位统筹考虑项目紧急需求、物资采购周期、项目时效性等因素，适度安排投资规模，编制预安排计划建议报送上级单位。
- 上级单位履行决策程序后，下达预安排限上项目明细和限下项目投资规模。限上项目由项目单位一次性完成建项，限下项目投资规模内，各级项目管理单位可分批分解下达项目。

知识点：国网公司生产技改项目调整程序

总部下达项目

分部、各单位根据实际需要，合理提出限上项目明细和限下项目投资规模（含业扩配套电网技改项目包）的调整需求，履行本单位决策程序后，报总部决策后调整。

分部、各单位下达项目

项目单位提出调整需求，经本单位设备管理部门审核后，会同发展和财务等部门，履行本单位调整决策程序，完成本单位限下项目投资规模内项目计划和预算调整。

任务挑战

1. 形象进度计划的主要内容是什么？有哪些需要注意的时间节点？

【解析】 形象进度计划包括前期的投资计划下达、项目创建、设计合同签订、初设评审和批复、物资采购需求提报、施工合同签订，到后期的竣工投运、结决算（含审计）、资料归档等二十余个环节。我们需要牢记这些环节的工作内容及关键时间节点。

2. 年度投资计划与资金预算的编制依据是什么？

【解析】年度投资计划和资金预算的编制主要依据企业项目计划和预算工作安排，以及企业经营管理、项目储备等情况。据此做好年度的投资与预算计划。

第四章 采购与合同管理

本章内容

项目采购管理是项目执行的关键性工作，是做好项目的重要方面，项目采购管理的模式在某种程度上决定了项目管理的模式，对项目整体管理起着决定性作用。合同管理作为与采购管理紧密相关的一项管理内容，在项目管理过程中同样发挥着重要作用。在采购过程中，如果采购不当或管理不善，所采购的产品达不到项目要求，不仅会影响项目的顺利实施，还会降低项目的预期效益，甚至导致整个项目的失败。因此项目采购管理不仅仅是采购回来“东西”那么简单，更重要的是要重视采购管理过程的管理质量。

规范的项目采购管理要兼顾经济性、合理性和有效性，以有效降低项目成本，保证按期交付，最后促进项目顺利实现各项目标，成功完成项目。本章将对项目采购的方式、组织形式、流程及合同管理的流程进行详细说明，帮助相关人员更好地开展采购及合同管理工作。

知识脉络

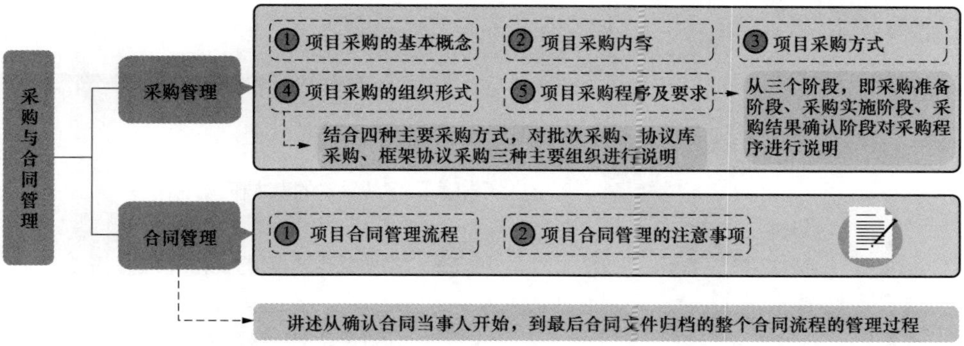

任务思考

1 项目的采购方式有哪四种，分别适用于何种场景？

2 框架协议采购方式有何优点，在何种情形采用？

3 合同管理的流程是什么，需要 注意哪些问题？

第一节 采 购 管 理

学习目标

01 了解采购的基本概念。

02 掌握采购的4种方式和3种组织形式。

03 明确采购的程序及要求。

知识讲解

一、基本概念

采购是指以合同方式有偿取得货物、工程和服务的行为。

采购活动是指公司系统各单位为满足采购需求，依据法律法规和公司规定，采用适当的采购方式、实施模式和组织形式，按照规定的程序组织实施采购的过程。

采购管理是指对采购活动进行计划、组织、协调与控制，包括确定采购规则事项、明确采购程序要求、组织实施采购业务、审定采购结果等管理工作。

二、采购内容

生产技改项目主要采购内容如图4-1所示。

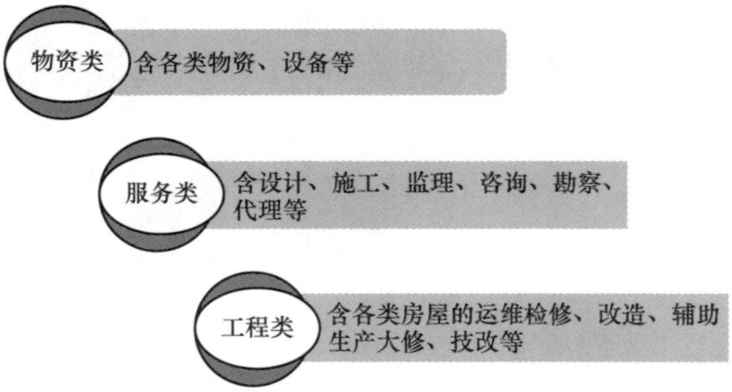

图4-1　生产技改项目主要采购内容

三、采购方式

采购方式是指采购人为达到采购目标而在采购活动中运用的方法。对不同的采购需求，应采取适合的采购方式进行采购。公司采购活动中适用的采购方式包括以公开和邀请方式进行的招标、竞争性谈判、询价采购（竞价采购），以及单一来源采购（商务谈判）等方式。

（一）招标

招标是指在一定范围内公开货物、工程或服务采购的条件和要求，邀请众多投标人参加投标，并按照规定的评审条件和程序，从中选择中标供应商的一种采购方式。招标适用于如图 4-2 所示的情形之一。

01　《中华人民共和国招标投标法》第三条规定的工程建设项目，包括项目的勘察、设计、施工、监理以及工程建设有关的重要设备、材料等

02　公司两级集中采购目录中建议可采用招标方式的相关物资与服务

图 4-2　招标方式适用情形

（二）竞争性谈判

竞争性谈判是指采购人组建的谈判小组与响应采购的供应商依次分别进行一轮或多轮谈判，并对其提交的响应文件进行评审，根据评审结果确定成交供应商的一种采购方式。竞争性谈判方式适用情形如图 4-3 所示。

01　不能准确提出采购项目需求及其技术要求，需要与供应商谈判后研究确定

02　采购需求明确，但有多种实施方案可供选择，需与供应商谈判优化、确定实施方案

03　采购项目市场竞争不充分，已知潜在供应商比较少

04　按照国家规定需要核准的项目，核准部门核准的采购方式为竞争性谈判采购

图 4-3　竞争性谈判方式适用情形

（三）询价采购

询价采购是指采购人就采购标的向 3 个及以上供应商发出询价函件让其应答和报价，采购人对应答文件和报价进行比较，确定成交供应商、成交价格以及其他技术、商务条件的一种采购方式。

询价采购适用于技术参数明确、完整，规格标准基本统一、通用，市场竞争比较充分的采购项目。

（四）单一来源采购

单一来源采购是指采购人就某一采购标的与单一供应商进行谈判，确定成交价格以及其他技术、商务条件的一种采购方式。单一来源采购方式适用情形如图 4-4 所示。

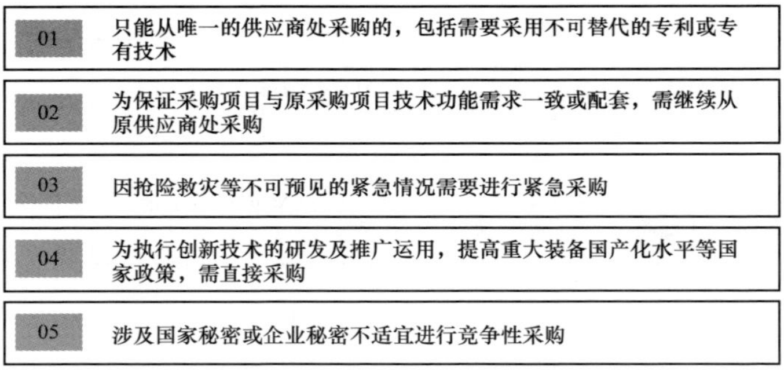

图 4-4　单一来源采购方式适用情形

四、采购组织形式

采购组织形式是根据采购需求特点，在确定采购方式的前提下，为利于采购结果执行高效、直观、可视而采取的组织方式。公司采购组织形式主要包括批次采购、协议库存采购、框架协议采购等，其适用情形如图 4-5 所示。

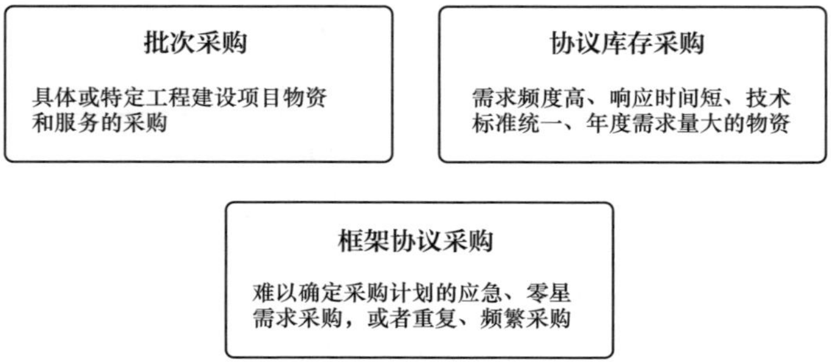

图 4-5　公司采购组织主要形式

（一）批次采购

批次采购是指将具备采购条件的不同项目的需求集中在一个批次内，委托招标代理机构在统一的时间段内，由统一的组织机构按照统一的流程和规范，遵循统一的采购标准实施采购。

批次采购适用于具体或特定工程建设项目物资和服务的采购，批次采购的标的物数量、技术要求明确，且有明确交货期，根据采购结果签订合同，并按合同完成履约结算。对于扩建工程中需要进行功能配套的采购项目，可以结合工程性质、投资规模、技术条件以及当期市场价格等因素，在采购相同配置（同配）的基础上，根据近期中标价格，按照“技术参数同配、价格双方确定”原则，履行单一来源采购程序。

（二）协议库存采购

协议库存采购是指由需求方根据物资需求单位未来一定时期内物资需求的预测，应用统一的物料编码及技术规范，将所需的物资分类汇总，通过招标或其他采购方式确定供应商，并与其签订框架采购协议。待具体物资需求申请产生后，直接按照协议分配供应商。采用协议库存后相当于采购货物已经提前在仓库备好，可以缩短采购供应周期，为工程建设争取时间，同时可减少需求方自身的库存，节约运营成本。

协议库存采购适用于需求频度高、响应时间短、技术标准统一、年度需求数量较大的物资，通过集中采购确定协议供应商、采购数量和采购金额，根据实际需求，以供货单方式分批或分期要求协议供应商，按照规定时间提供相应数量的产品，并据此向协议供应商分批或分期结算货款。

（三）框架协议采购

框架协议采购是战略采购的一种具体形式，指采购方对一定期限内各类项目所需同类物资需求进行汇总，统一技术标准，实行战略采购（定厂、定标准、定价），并就所供物资质量技术标准、价格、数量、供货范围、协议有效期、供货期限、付款方式、售后服务、违约责任等内容与供应商签订供货框架协议。

供应商按要求生产产品，需求单位长期、批量采购，以此降低双方在交易中采购成本和风险，提高采购供应效率，实现双赢的目标。一般根据一定时间（一年或半年）段内某一类物资预测的需求计划，进行采购后签订框架协议，具体工程项目有需求时，直接根据已签订的框架协议向供应商发送货通知单，供应商即可组织供货。

框架协议采购适用于难以确定采购计划的应急、零星需求采购，或者需要频繁、重复组织采购同类工程、货物或服务的。通过采购确定协议供应商，确定单价或定价规则、协议期限、付款方式、服务承诺等内容，发生实际需求时需求单位或部门按照采购文件约定的方式，从协议内的供应商中择优确定成交供应商和单价（折扣率）。框架协议采购结果可通过电商交易专区实施请购与结算。

（四）其他采购组织形式

电商专区交易适用于采购规格品种多、需求频次高、数量无法准确预测且不属于国家法定必须招标的零星采购。通过适用的采购策略确定一定时期内的供应商，明确物资的品类（或规格型号）、单价（或双方认可的计价规则）、配送及服务标准，并通过电商交易模块实施请购与结算。

五、采购程序及要求

采购程序主要依据国家电网有限公司采购活动管理办法、国家电网有限公司采购业务实施细则、国家电网有限公司采购结果应用实施细则，从采购准备阶段、采购实施阶段、采购结果确认三个方面来进行说明。

（一）采购准备阶段

采购准备阶段主要包括编制采购文件、开展资格预审、审核采购文件、发布招标公告或投标邀请书、组建评标委员会进行评标五个部分。

1. 编制采购文件

项目管理部门或项目单位对工程和服务采购项目，应提出采购规则事项的建议，对技术条件复杂的项目应单独编制采购方案。采购人可委托招标采购代理机构根据采购项目的特点和需求及相关专业技术管理部门审定的技术规范书，按照采购文件范本编制采购文件。

采购文件范本应依据国务院发展改革部门会同有关行政监督管理部门制定的标准文本并结合公司实际情况编制。对国家尚未颁行标准文本的采购文件，应参照已颁行的类似标准文本进行编制。采购文件的主要内容如图 4-6 所示。对于协议库存、框架协议等组织形式的采购活动，采购文件中还应包括采购有效期、报价方式、执行方式及终止条件等。

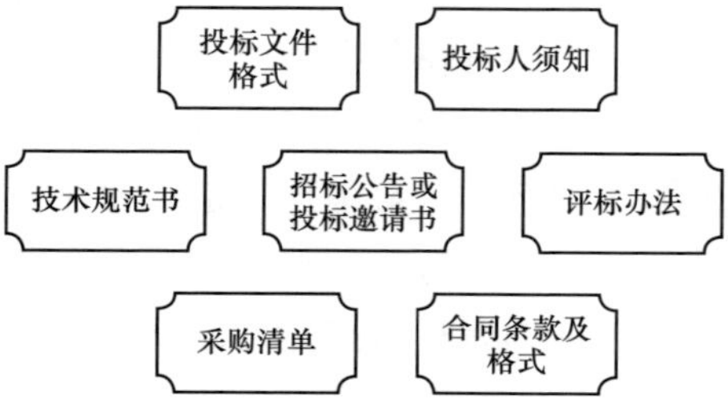

图 4-6　采购文件的主要内容

对于采购文件中的合同，应优先采用国家或地方有关行政部门制定并强制使用的文本。如无范本，应在公司统一合同文本中选择符合采购项目情况的文本类型。公司统一合同文本无法使用的，可参照行业示范文本或以往类似采购项目使用的合同文本，另行起草。

对于采购文件中的保证金，若采购文件中要求投标人提交投标保证金，投标保证金不得超过招标项目估算价的2%。国家对于投标保证金上限另有规定的，从其规定。

此外，采购文件中不设定标底，不得规定最低投标限价，可以设定最高投标限价。设定最高投标限价的，应当在采购文件中明确最高投标限价或者最高投标限价的计算方法。

2. 开展资格预审

资格预审可单独开展，也可多单位联合开展。开展联合资格预审，多家单位只委托一家单位具体实施，统一资格预审资质业绩条件、评审标准等，评审结果应用于参与联合资格预审的各单位。

采用资格预审办法对潜在投标人进行资格审查的，应编制资格预审文件，主要内容如图4-7所示。

图4-7　资格预审文件的主要内容

3. 采购文件审查

采购文件审查由招标采购管理部门组织，招标采购代理机构实施。各单位作为项目单位，参加总部集中采购项目采购文件审查，并在审查前完成本单位采购计划和采购文件技术部分初审工作。各单位集中采购项目，原则由各单位统一组织采购计划和采购文件的审查。

采购文件审查参加人员包括招标采购管理部门、项目管理部门、法律部门、项目单位代表，招标采购代理机构邀请的技术和经济专家。审查内容包括技术部分及商务部分。

（1）技术部分审查。采购文件技术部分由项目管理部门和专业技术专家参与审查，审查内容如图4-8所示。

（2）商务部分审查。采购文件商务部分由招标采购管理部门、项目管理部门、法律部门、招标采购代理机构的代表及经济专家参与审查，审查内容较多，主要包括以下内容：

1）资质业绩条件设置须符合国家规定的强制性资格条件，满足对招标采购标的物的使用要求，保证标的物质量满足全寿命周期的运行要求，提升电网整体安全水平；要保障市场的供应能力，又具备一定竞争性，有利于形成供应商进入与退出的机制，实现对供应商的优胜劣汰；并在一定时期内保持相对稳定。

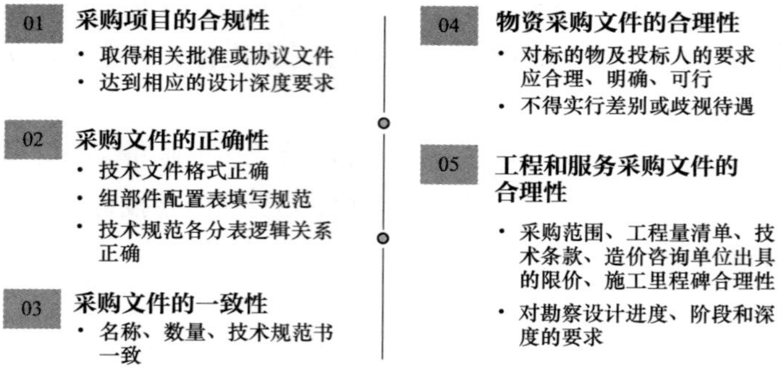

图 4-8 采购文件技术部分审查内容

2）标包的划分应有利于形成集中采购规模效应，在统筹考虑市场竞争度（中标覆盖面）、保证采购成功率、供货周期等因素的基础上，按照电压等级、项目单位、货物类型、项目单位地域等维度，划分和设置分标和分包。对有特殊参数或要求的物资、工程和服务项目，可根据具体情况单独设置标包。对于不同地域，交通状况、运输成本或技术规格需求存在较大差异的，宜采用按照地域进行划分。同一区域内原则上不少于两家同类供应商，以保证履约可靠性。对于通用性强、供应商技术水平较平均，地区差异、运费差额可以忽略不计的，宜按数量金额划分。

3）评审标准和办法，包括技术、价格、商务的权重分配、评审因素以及评审细则等，应清晰明确，在采购文件中公开载明，保证评标过程公平、公正、科学合理。

4）价格计算公式和授标原则，要客观反映市场规律，合理引导市场价格，促进供应商有序竞争，并在采购文件中公开载明。授标原则必须具体、明晰且具有可操作性，保证授标过程公平、公正、授标结果唯一。

5）采购文件中设置最高限价的，最高限价由项目管理部门提出，编制依据合理，并经过相应的技术经济评审。采购文件中要求投标（应答）人对主要零件、部件报价，并在后期运行维护中对该报价予以应用的，在评审标准和办法中，应设置相应的评审因素，对投标人不均衡报价进行评审，维护采购人利益。

招标采购管理部门组织招标采购代理机构根据采购文件审查会确认的内容，修订采购文件并形成采购文件送审稿，送项目管理部门、法律部门等进行会签，并根据会签意见修改完善。

采购文件经会签后，形成采购文件审批单，经招投标工作领导小组办公室批准后发布。重大事项应经招投标工作领导小组批准。

4. 发布招标公告或投标邀请书

招标采购代理机构负责在公司电子商务平台等媒介上发布公开方式的招标（采购）公告、资格预审公告。对于依法必须招标的项目还应同时在中国招标投标公共服务平台进行发布。在不同媒介发布的同一项目的招标（采购）公告、资格预审公告内容应当一致。

（1）邀请供应商数。采用邀请方式开展的采购活动，招标采购代理机构应向已批准的供应商发出邀请函。对于采用邀请招标方式或询价采购的，拟邀请的供应商应为 3 个及以上；对于采用邀请方式开展的竞争性谈判采购，拟邀请的供应商应为 2 个及以上。

（2）采购文件、资格预审文件的发售。采购文件、资格预审文件发售由招标采购管理部门组织，招标采购代理机构具体实施。在采购文件、资格预审文件的发售过程中，要做好采购文件、资格预审文件购买记录，实时掌握采购文件、资格预审文件的发售情况。招标采购代理机构在招标公告载明的标书发售截止日期后 2 个工作日内，将采购文件、资格预审文件发售记录提交招标采购管理部门备案。

公开招标文件、资格预审文件的发售时间方式须符合国家有关法律法规的规定，具体要求如图 4-9 所示。

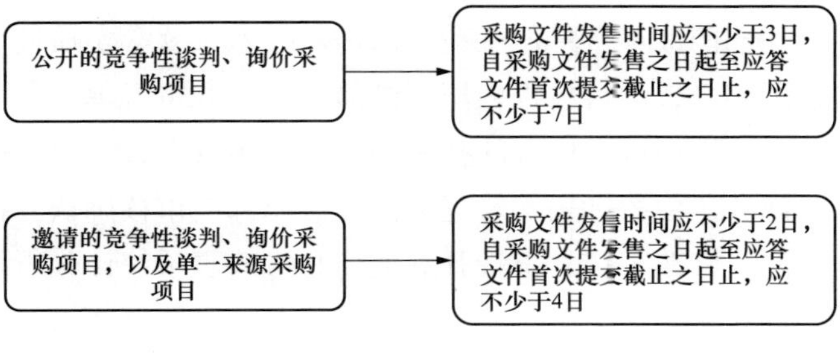

图 4-9　采购文件、资格预审文件的发售时间要求

（3）采购文件、资格预审文件的澄清或修改。对已发出的采购文件、资格预审文件可以进行必要的澄清或者修改。澄清或者修改的内容应当符合法律法规规定，包括采购人自行澄清、修改，以及针对投标（应答）人提出的疑问和异议进

行澄清、修改，如图 4-10 所示。

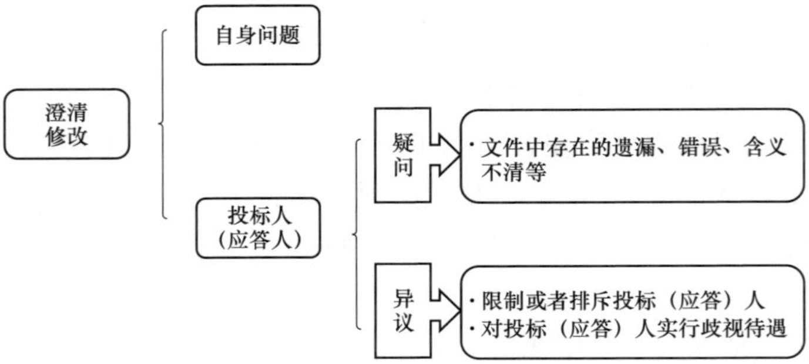

图 4-10　采购文件、资格预审文件的澄清或修改

澄清或者修改的内容可能影响应答文件编制的，对于公开的竞争性谈判、询价采购项目，应在首次提交应答文件截止之日 4 日前，通知所有采购文件买受供应（服务）商，不足 4 日的，应顺延首次提交应答文件截止之日；对于邀请的竞争性谈判、询价采购项目，以及单一来源采购项目，应在首次提交应答文件截止之日 2 日前，通知所有采购文件买受供应（服务）商，不足 2 日的，应顺延首次提交应答文件截止之日。

对投标（应答）文件编制不产生影响的澄清或者修改，包括减少资格业绩审查资料，信息或者数据，调整暂估价的金额，增加暂估价项目，开标地点由相同地址的一个会议室更换至另一会议室等，可在投标（应答）截止日之前的合理时间发出。

对于项目管理部门或项目单位主动提出需对技术条款等实质性内容进行变更的情况，项目管理部门或项目单位应填写澄清（修改）审批单，经审批后由招标采购代理机构发出。澄清或者修改的技术部分，由项目主管部门审核确认；澄清或者修改的商务部分，由招标采购管理部门和法律部门审核确认。招标采购代理机构负责具体澄清和修改工作，负责开展澄清和修改事项统计分析。

5. 组建评标委员会

采购项目应由招标采购管理部门组建评标（评审）委员会，并由招投标工作领导小组办公室审批，形成组建文件。评标（评审）委员会由招标采购管理部门、项目管理部门或项目单位代表及相应专业专家组成，可设商务组、技术组，其中商务、技术等方面的专家按规定从专家库中抽取产生。对于招标以外采购方式的，评审委员会人数应为 3 人及以上单数，抽取专家数量应不少于总人数的三分之二。

以采购人代表的身份担任评标（评审）委员会成员的招标采购管理部门、项目管理部门或项目单位人员，原则上不参加商务或技术评审。如果采购项目技术复杂、专业性强或者国家有特殊要求，确需项目管理部门或项目单位推荐专家参与评标（评审）的，应由项目管理部门或项目单位填写评标（评审）人员推荐表，履行相应审批程序。

评标（评审）工作应设法律保障组和监督组，其组建与职责如图 4-11 所示。

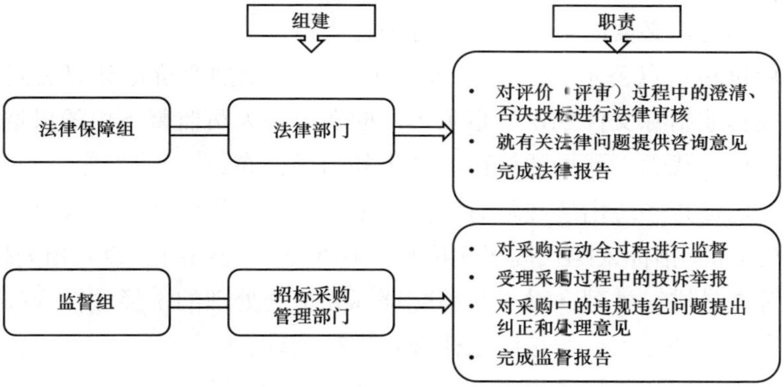

图 4-11　法律保障组和监督组的组建与职责

评标（评审）工作现场可设秘书组、会务组等服务小组，其组成与职责如图 4-12 所示。

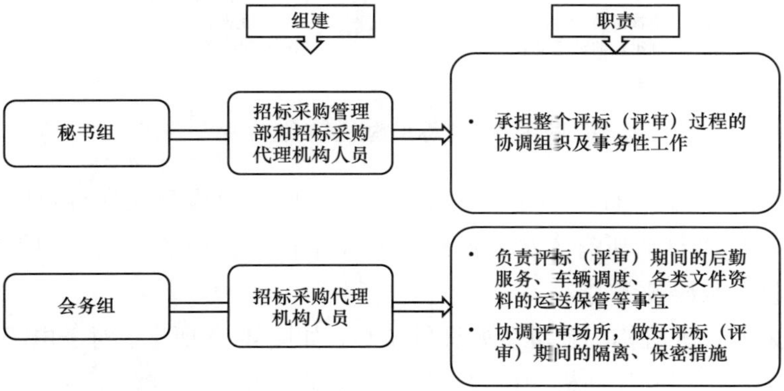

图 4-12　秘书组、会务组的组成与职责

（二）采购实施阶段

1. 招标

（1）开标。招标采购代理机构应提前做好开标准备工作，包括在开标前接收文件，做好文件接收记录，对于不符合法定开标条件或未按招标文件（资格预审文件）规定的时间、地点、密封要求递交的文件不予受理。所有开标、投标文件由招标采购代理机构负责保存并在监督组的监督下转移至评标现场，截标前不得开启。

原则上招标文件规定的开标现场应为公司内部会议场所。开标现场设置监督人员、法律顾问，必要时可聘请第三方公证人员。

开标后价格信息公示 24 小时。如需从规定范围抽取价格计算公式、基准价浮动系数或其他招标文件规定的事项等，应在监督人员监督下由随机选定的投标人代表或招标人代表，现场随机抽取产生并当场公布。

开标现场信息系统出现故障时，招标采购代理机构应如实记录具体情况。对于需现场处理的，招标采购代理机构应报招标采购管理部门后会同相关技术支持、法律保障等人员进行处理；对于需移交评标委员会处理的，经法律保障人员和监督人员签字，由评标委员会按照法律规定进行处理。

（2）评标。评标流程较为复杂，具体如图 4-13 所示。

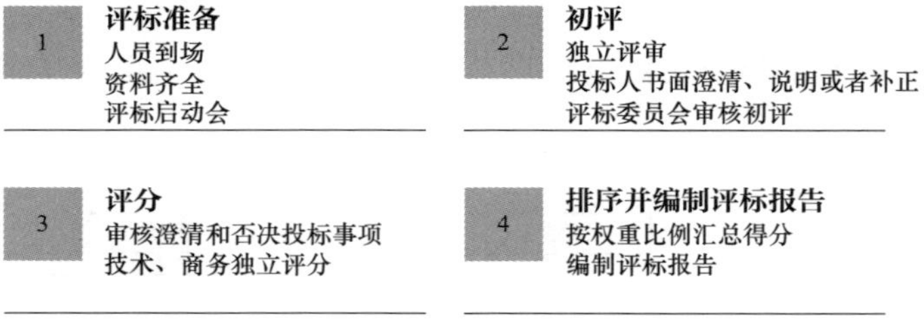

图 4-13　招标采购方式评标流程

1）评标准备。评标委员会、法律保障组、监督组成员应在规定时间到达评标现场。评标委员会所有人员应通过安检设施检测并由监督组集中保管通信工具、计算机及数码设备等。

招标采购代理机构提前准备好评标资料，如图 4-14 所示。对于电子招标条件下的评标工作，招标代理机构按要求做好评标现场的相关准备事宜。

投标文件、招标文件及其澄清答疑文件放置在评标工作区域内，供应商不良行为处理意见、历史否决情况汇总、供应商绩效评价放置在评价工作区域中。

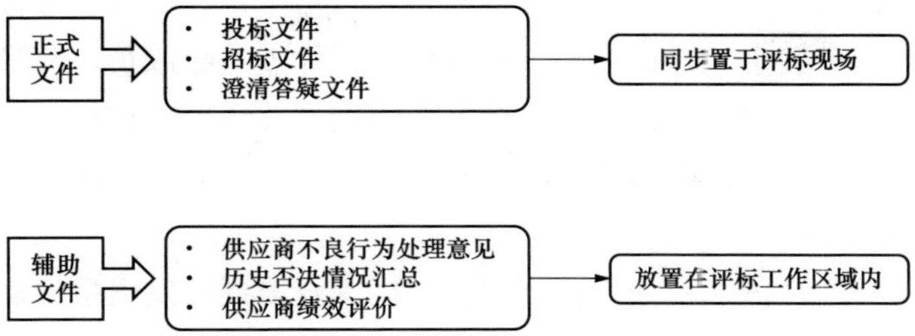

图 4-14　评标文件资料准备

评标委员会主任主持召开评标启动会议，宣读评标委员会组建文件，宣布评标工作纪律，提出评标流程各项工作环节及相应的进度要求、工作质量要求，明确评标委员会各组职责分工，安排部署其他与评标有关的重点工作。启动会后，评标委员会全体成员统一组织签订廉洁保密承诺书。

2）初评。评标专家应根据招标文件（资格预审文件）规定的程序、方法和标准进行独立评审。初评过程中，评标委员会可以书面方式要求投标人对投标文件中含义不明确、对同类问题表述不一致或者有明显文字和计算错误的内容做必要的澄清、说明或者补正。澄清、说明或者补正应以书面方式进行并不得超出投标文件的范围或者改变投标文件的实质性内容。

随后，各评标小组向评标委员会汇报初评情况，由评标委员会对初评情况进行审核，现场法律顾问对初评情况提出法律意见和建议，现场监督人员监督初评过程。

3）评分。按照初评情况，对澄清和否决投标事项，履行评标专家、法律顾问、评标委员会主任等审批程序。对于不进入详评、澄清发布与答复，评标委员会应严格执行国家有关法律法规的规定。有效投标人不足 3 家，明显缺乏竞争性的标包，评标委员会可以否决全部投标。

评标专家按照招标文件中载明的评标标准、评标办法对进入详评的投标文件进行技术、商务独立评分。评标打分前，监督组宣布工作纪律。评标过程中，监督组应监督专家评分，对异常评分及时向专家提出预警，必要时提请评标委员会对专家进行约谈。

4）排序并编制评标报告。评分结束后，招标采购代理机构按照招标文件规定的技术、商务、价格权重比例汇总计算进入详评的投标人综合评分，形成技术经济指标综合评分及排序表。

评标委员会根据招标文件公示的授标原则推荐中标候选人，编制评标报告。

评标委员会根据资格预审文件公示的标准推荐合格申请人名单。评标报告应有评标委员会全体人员签字。对评标报告有异议的评标委员会成员，应当在报告上签署不同意见并说明理由，由评标委员会书面记录相关情况。评标委员会成员拒绝在报告上签字又不书面说明其不同意见和理由的，视为同意评标报告。

2. 竞争性谈判

竞争性谈判的具体流程分为谈判准备、初评及谈判、发出报价邀请、编写评审报告四个部分，如图 4-15 所示。

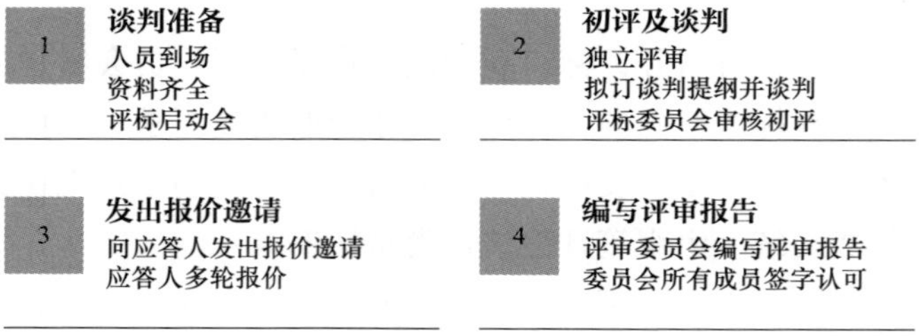

图 4-15　竞争性谈判流程

（1）谈判准备。竞争性谈判准备工作与评标准备工作类似。对应答文件的接收、人员到场、文件准备、评审启动会与会人员及会议内容等基本一致。另外，竞争性谈判要求评审专家在评审期间原则上不允许离开评审场所，确需离开的，应向评审委员会及监督组履行请假手续后离开，不再进入评审场所。在监督组的监督下，评审委员会开启供应商的报价文件，并形成报价一览表。应答文件拆封前，应由监督人员检查其密封情况，确认密封完好。

在竞争性谈判中，当应答商仅为 1 家时，应做如图 4-16 所示处理。

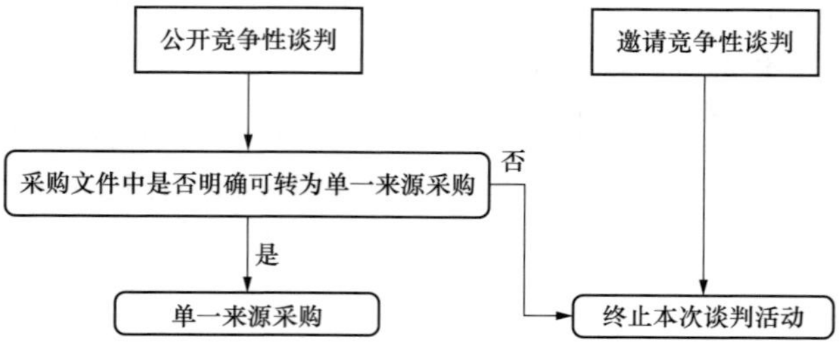

图 4-16　应答商仅为 1 家时处理方法

公开竞争性谈判中，应答供应商仅为 1 家时，对于采购文件中明确可转为单一来源采购的项目，按照单一来源采购工作流程进行采购；未明确可转为单一来源的项目，应终止本次谈判活动。邀请竞争性谈判中，参与应答的供应商仅为1家时，应终止本次谈判活动。

（2）初评及谈判。评审专家应当根据采购文件规定的评审程序、评审方法和评审标准进行独立评审。各评审小组分别审阅应答文件技术、商务部分。对于竞争性谈判，需提出供应商澄清的问题，并拟订谈判提纲。评审小组按照拟订好的谈判提纲，与供应商进行谈判，并做好谈判记录。经评审及谈判，供应商技术或商务响应不能满足采购文件规定的实质性要求的，应否决其应答，不再进入下一轮谈判。

采购文件不能完整、明确列明采购需求，需要由供应商提供最终设计方案或者解决方案的，在最终轮报价前，谈判小组应当按照少数服从多数的原则投票推荐2家及以上供应商的设计方案或者解决方案，并要求其在规定时间内提交最后报价。

谈判工作应在谈判室进行，招标采购代理机构应按照谈判次序做好供应商的引导工作，不允许供应商进入评审工作区域，并在谈判结束后督促供应商尽快离开评审场所。

各评审小组向评审委员会汇报初评情况，由评审委员会对初评情况进行审核，现场法律顾问对初评情况提出法律意见和建议，现场监督人员监督初评过程。

（3）发出报价邀请。评审委员会可根据应答人的报价、采购文件响应及谈判情况，向应答人发出报价邀请，要求应答人进行多轮报价，所有合格应答人享有均等的报价机会。评审委员会应当在最终报价邀请时明确该轮报价为最终报价，并要求所有合格应答人应在规定时间内提交最终报价。对于应答人未在规定时间内提交，或者书面明确不参与后续或最终报价的，以其最后一轮提交的有效报价为准。视具体谈判情况，评审委员会可对各轮报价进行不具名公示。

谈判中采购文件有变动的，招标采购代理机构应以书面形式通知所有参加谈判的供应商，但不得增加排斥参加谈判供应商的内容。在采购过程中出现影响采购公正的违法违规行为，或围标、串标、恶意报价等情况时，评审委员会应及时中止采购活动。

（4）编写评审报告。评审委员会负责编写评审报告。评审报告应由评审委员会所有成员签字认可。对评审报告有异议的评审委员会成员，应当在报告上签署不同意见并说明理由，由评审委员会书面记录相关情况。评审委员会成员拒绝在报告上签字又不书面说明其不同意见和理由的，视为同意评审报告。

现场监督人员按照规定的格式编制评审监督报告并提交招标采购管理部门。

现场法律人员按照规定的格式编制法律保障工作报告并提交法律部门。

3. 询价采购

询价采购准备工作与前两种采购方式类似，其评审流程也类似。经过准备、评审、编写评审报告的流程。

在采购询价时，被询价的应答人提交的报价文件为一次报出不得更改的价格。评审时，评审专家应根据采购文件规定的评审程序、评审方法和评审标准进行独立评审。但仅对采购标的技术、商务条件的应答文件进行评审，不再进行相关谈判工作。评审后，评审委员会负责编写评审报告，并由评审委员会所有成员签字认可。

在询价采购活动中，如应答人不足 3 家，询价评审委员会可终止本次询价采购活动。如图 4-17 所示，对于采购文件中明确可采取以下处理方式的，则按照以下程序进行。

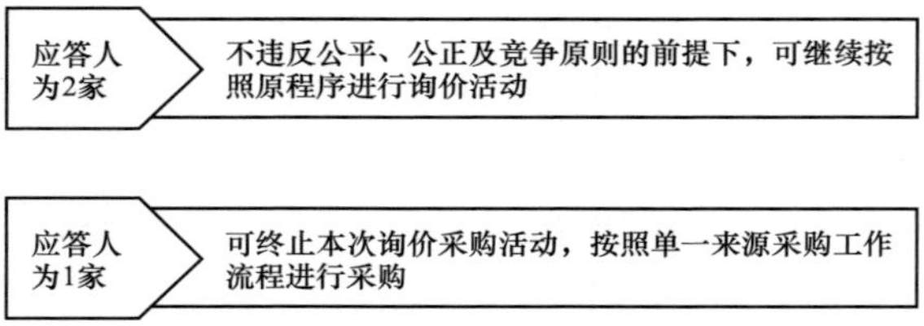

图 4-17　应答人为相应数量时的处理方法

4. 单一来源采购

单一来源采购流程与竞争性谈判采购类似，经过准备、初评及谈判、发出报价邀请、编写评审报告的流程。

评审时，对于单一来源采购，需提出供应商澄清的问题，并拟定谈判提纲。评审专家按照拟订好的谈判提纲，集中与单一供应商进行谈判，并做好谈判记录。

评审结束后，各评审小组向评审委员会汇报初评情况，由评审委员会对初评情况进行审核。经评审及谈判，供应商未响应采购文件的实质性要求，评审委员会有权终止本次单一来源采购。

随后，评审委员会可根据应答人的报价、采购文件响应及谈判情况，向应答人发出报价邀请，要求应答人进行多轮报价，以其最后一轮提交的有效报价为准。

最后评审委员会负责编写评审报告，推荐成交候选人。评审报告应由评审委员会所有成员签字认可。

对于通过查询与近期采购标的完全相同，或部分分项配置与近期采购标的相同的中标单价，并将此单价直接作为成交单价的，按单一来源采购方式进行，采购前期准备、谈判评审过程可适当简化，重点针对同期招标中标结果配置与需求设计配置适应性，以及相关合同价款进行查询评审。同期招标结果查询应遵循如图 4-18 所示的原则。

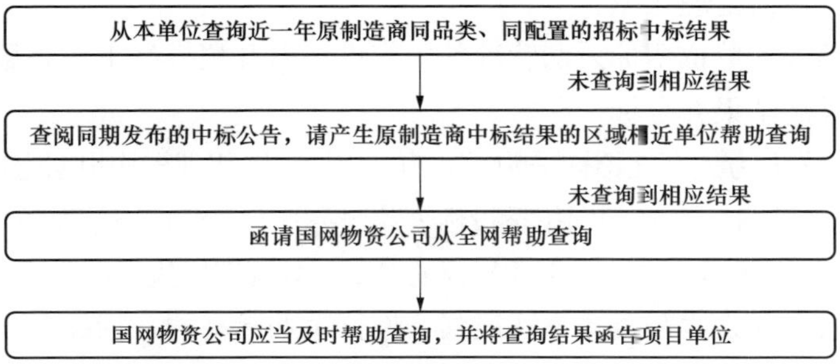

图 4-18 同期招标结果查询原则

（三）采购结果确认

1. 确定中标候选人（推荐供应商）

招标采购应当确定综合排名第一的投标人为中标候选人；确定非排名第一的投标人为中标候选人时，必须符合法律法规或招标文件规定的情形。

其他三种采购方式确定推荐成交供应商的规则或原则有较大差异，如图 4-19 所示。

竞争性谈判采购，应当按照采购文件确定的规则推荐成交供应商以及成交价格；询价采购，应当按照符合采购需求、质量和服务相等且报价最低的原则推荐成交供应商以及成交价格；单一来源采购，应当按照价格合理且不超出批复预算资金要求的原则推荐成交供应商以及成交价格。

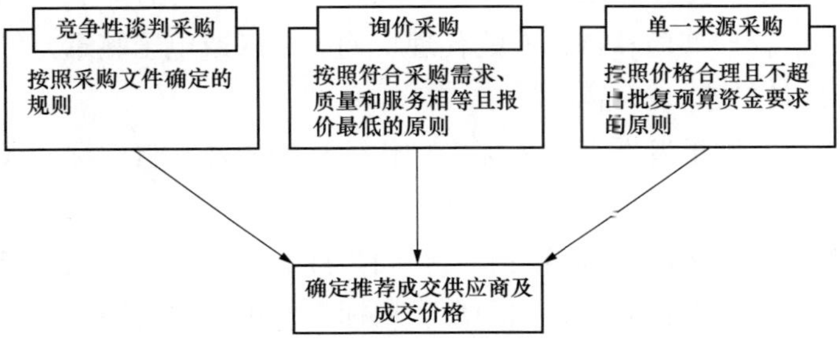

图 4-19 确定推荐成交供应商的规则或原则

2. 定标并公示

评标（评审）委员会应向招标采购管理部门提交书面评标（评审）报告，招标采购管理部门组织会议进行初步审核，并对本批次流标项目，提出纳入下一批采购、单独批次采购、变更采购方式实施采购、变更采购实施主体（总部退回省公司实施）等后续处理意见。

公司总部或各单位招标采购管理部门应提请召开招投标工作领导小组会议，审议、批准采购结果并定标。

对于采取公开方式开展招标采购活动的，招标采购代理机构根据定标结果，编制中标候选人公示文件，并在中国招标投标公共服务平台、公司电子商务平台等媒介上发布公示文件。公示时间、公示期间异议的接受与处理严格执行法律法规的规定。

对于采取公开方式开展竞争性谈判、询价采购活动的，招标采购代理机构在采购结果确定后 1 个工作日内，在中国招标投标公共服务平台、公司电子商务平台等媒介公布成交结果公告。

对于公示期间收到投标人或其他利害关系人异议的，经招标采购代理机构核实属实后，需要进行流标处理的，应由采购管理部门发起流标审批，由专业部门、法律部门会签，经招投标领导小组办公室审批后，取消中标候选人中标资格，并向招投标领导小组汇报备案。

3. 发出中标通知书

公示期结束，对于招标方式采购项目，无异议或者异议未成立，招标采购代理机构在中国招标投标公共服务平台、公司电子商务平台等媒介上发布中标公告，同时向中标人发出中标通知书。中标通知书应加盖招标采购管理部门和招标采购代理机构印章（或电子签章）。

对于招标以外方式采购项目，招标采购代理机构在成交结果公告发布后 2 个工作日内，向成交人发出成交通知书。成交通知书须经过招标采购管理部门批准，并加盖招标采购管理部门和招标采购代理机构印章（或电子签章）。

4. 定标后续工作

中标（成交）结果发布后，招标采购代理机构应及时将中标（成交）结果流转到相关信息系统，并在相关媒介上发布。

招标采购代理机构最迟应当在书面合同签订 5 日内向中标人和未中标的投标人退还投标保证金及银行同期存款利息。招标文件可约定退还投标保证金的利息按照银行同期活期存款利率计算。

招标采购活动结束后，招标采购代理机构要总结分析招标采购每个环节的工作，形成总结分析报告。总结分析报告可结合各招标项目，包括但不限于基本情况、资质业绩设定、潜在合格供应商规模、累计投标中标数据分析等内容。

采购项目结束后，采购人和招标采购代理机构及时按照国网（物资/4）243—2017《国家电网有限公司采购活动文件材料归档整理移交管理细则》要求，完成采购文件材料的归档整理移交。

知识锦囊

知识点：电子化采购

电子化采购是指应用一级部署的电子商务平台以数据电文形式，按照规定的流程进行的采购活动。

国家电网有限公司电子招标投标系统为公司一级部署的电子商务平台，其系统的开发、检测、认证、运营均应满足《电子招标投标办法》的相关要求。

第二节　合　同　管　理

学习目标

01 了解合同管理流程及要求。

02 掌握项目合同管理的注意事项。

知识讲解

一、合同管理流程

实施电力物资采购合同的有效管理能更好地防范电力物资采购风险，能提高物资管理部门的整体管理水平，加强对物资采购合同履行过程的控制，提高合同履约水平，优化合同管理流程，提高合同管理效率。电力物资采购合同管理坚持依法从严管理，严格合同签约履约，深化“集中签订、集中结算”的合同管理模式，建立上下联动、统筹协调的物资现场服务和履约协调机制，通过对物资采购合同签约、履约全流程的管控实现物资管理的科学化、规范化、标准化、法制化，从而提高了企业的经济效益，提升了企业的社会形象。

（一）确定合同对方当事人

确定合同对方当事人应当采用如图 4-20 所示的方式。

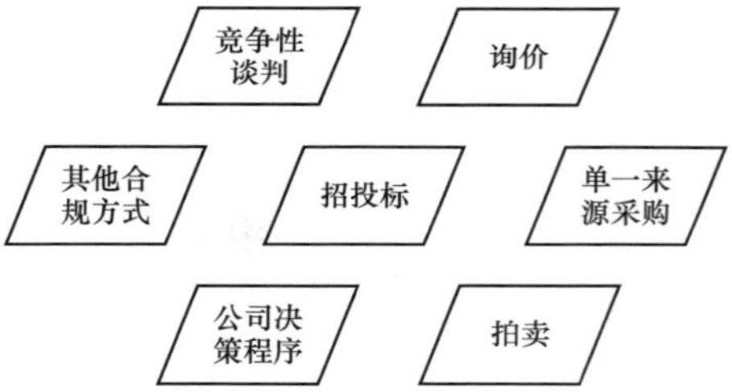

图 4-20　确定合同对方当事人的方式

在确定合同对方当事人时，合同承办部门应负责对合同对方当事人的主体资格和资信状况进行审查，确保其具备履约能力并符合资格要求。

（二）合同起草与谈判

在起草合同时，首先要确定合同文本，其次要特别重视重大及机密事项的起草。在进行合同起草与谈判时，要满足以下要求。

1. 合同起草单位及选用顺序

合同文本由承办部门负责起草。原则上以我方为主起草合同，合同由对方起草的，承办部门应对合同文本进行审核确认，再由承办人发起会签流转。合同承办部门起草合同时，应会同合同归口管理部门按图 4-21 所示的先后顺序选用合同文本。

图 4-21　合同文本选用顺序

在选择其他文本时，合同承办人应按照《国家电网有限公司合同分类表》选择合同归类。

2. 重大及机密事项起草

（1）承办部门按照第十五条（三）、（四）、（五）项起草合同时，出现标的额较大、影响重大、涉及专业技术或法律关系复杂等情形的，合同承办部门应当组织财务、法律、技术等人员参与合同起草或谈判，必要时可聘请外部专家参与相关工作。

（2）技术开发、转让、服务、咨询等合同涉及商标、专利、作品（包括但不限于文字、软件、数据库、拓扑图等）、其他技术成果、商业秘密等知识产权对象的，应按国家法律法规规定及公司有关规定约定知识产权条款。

（3）合同涉及国家或公司保密信息、公司专有技术、重要商业资料等，应按国家法律法规及公司规定约定保密条款或签订保密协议。

（4）合同应约定违约责任条款。违约责任承担方式应根据相关法律规定，并考虑合同权利义务、合同事项性质、对方当事人偿债能力等因素确定。

（三）合同审批与签署

1. 合同的审批

合同审核应当遵循应审必审、有效管控的要求，防范经营风险。合同审核应由承办部门在经法系统发起，根据合同涉及事项送相关业务管理部门、物资管理部门（招投标管理部门）、财务管理部门审核，合同归口管理部门审核会签。合同归口管理部门为合同的必经审核会签部门。

审核时，合同审核部门与审核人员，应按照《国家电网有限公司合同审核管理细则》的规定审核合同，并出具审核意见。不同类型的合同应由不同级别的管理人员审批，具体要求如下：

（1）公司总部的合同，原则上应由合同签署人负责审批。

（2）法定代表人签署的合同应经承办部门的公司分管领导审核后报法定代表人审批。

（3）承办部门主要负责人签署的合同，其合同标的额在2000万元人民币以上的，其中总部直接投资工程物资采购、资产租赁、财务金融三类合同单一合同标的额在5000万元人民币以上的，由承办部门的公司分管领导审批。公司分部及各级单位可参照前述规定，结合实际情况确定合同审批的具体要求。

（4）省公司级单位所属各级单位拟签署的重大合同，需要组织专家进行会审的，经省公司级单位同意，可以由其合同归口管理部门提交至省公司级单位本部，由省公司级单位合同归口管理部门组织专家会审。

上述“重大合同”指使用非统一合同文本起草的如图 4-22 所示的合同。

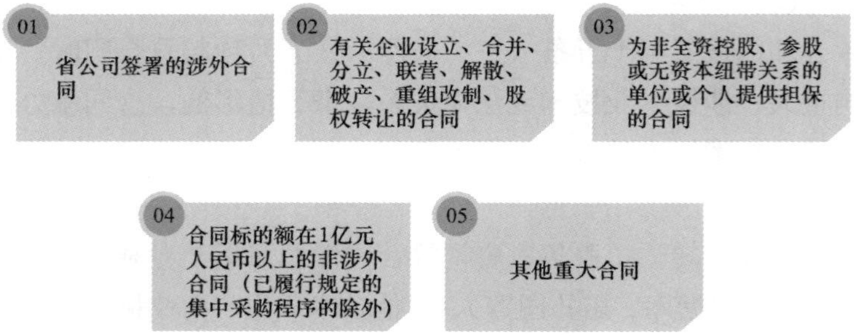

图 4-22 “重大合同”范围

2. 合同的编号与装订

合同完成审核流转后，由合同归口管理部门按照《国家电网有限公司合同编号规则》的规定进行编号。

合同文本在经法系统审核流转后形成电子标识和合同审批单，电子标识作为合同签署用印的依据。当合同各方均为公司系统内单位时，以合同各方中上级单位的电子标识为准；当合同各方为平级单位，以支付合同款项一方的电子标识为准，不涉及款项支付的，由合同各方协商确定电子标识的使用规则。

合同承办部门负责办理合同装订、送签和用印，并应确保签订文本和审定文本一致。

3. 合同的签署

合同由单位法定代表人（或负责人）签署。法定代表人（或负责人）不亲自签署的，应按照公司法定代表人授权委托管理相关规定由被授权人签署。未经经法系统流转的合同不得签署。

合同用印统一使用合同专用章，合同专用章由合同归口管理部门负责管理。合同归口管理部门可以根据实际确定本单位合同专用章保管及使用部门。未经公章管理部门和合同归口管理部门同意，不得以行政公章代替使用。

合同承办部门须持经审核会签并由法定代表人（或负责人）或被授权人签署的合同文本到合同归口管理部门或本条第一款确定的合同专用章保管及使用部门申请用印。合同归口管理部门和合同专用章保管及使用部门应制作合同用印台账，由合同承办部门按要求登记后予以用印。

（四）合同履行

合同生效前，不得实际履行合同，涉及财务支出的不得付款。合同生效后，公司各级单位作为合同当事人应全面履行合同，并督促其他合同当事人全面履行合同。

合同承办部门负责组织合同的履行，并在经法系统中及时维护合同履行信息，财务管理部门、法律部门、审计部门、监察部门应开展财务监督、法律监督、审计监督和监察。

合同履行过程中出现如图 4-23 所示的异常情形时合同承办部门应及时组织财务、物资、法律等相关部门讨论，确定解决方式，从程序和实体上维护我方权益。

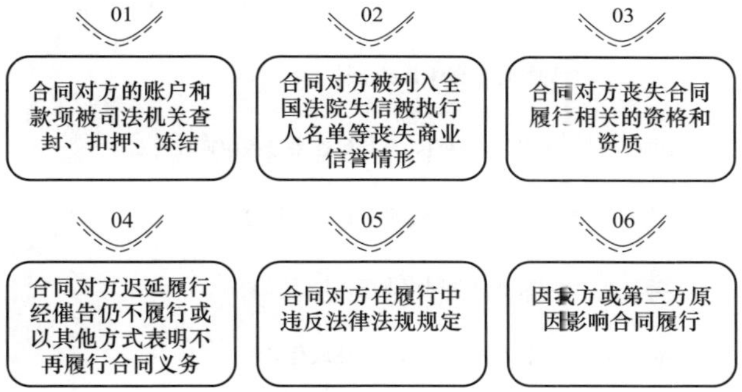

图 4-23　合同履行的异常情形

（五）合同变更、转让、解除

当已生效的合同发生变更、转让、解除事宜时，原合同承办部门应与合同对方协商并达成一致，且变更、转让、解除事项须经合同承办部门、相关业务主管部门、物资管理部门（招投标管理部门）、财务管理部门、合同归口管理部门审核，并按有关规定报本单位相关领导审批。需要上级单位审批的，应报上级单位审批。

合同变更、转让、解除原则上须签订书面协议，并由原合同承办部门承办，该协议适用关于合同起草、审核会签、履行等有关规定。

（六）合同争议

发生合同争议的，应先行采用协商方式解决。协商能够达成一致且对合同进行修改的，应按本办法规定的程序订立书面协议。协商不成的，可按合同约定采取调解、仲裁或诉讼方式解决争议；合同未约定争议解决方式的，按有关法律法规执行。对于涉外及公司内部合同争议，按如下处理方式：

（1）各级单位签订的涉外合同，其争端原则上应约定在中华人民共和国境内以诉讼或仲裁方式解决。

（2）公司各级单位之间签订合同的，合同争议解决方式应约定协商解决。公司总部是协调解决的最终机构。

若合同争议形成法律纠纷案件，应按公司法律纠纷案件管理等相关规定处理。

（七）合同文件归档

合同承办部门负责合同文本等相关资料的收集、整理，并按公司档案管理相关规定交由本单位档案管理部门归档保管。合同文本等相关资料归档后由本单位档案管理部门保管。

合同归口管理部门对承办部门的合同归档工作进行督促，并向档案管理部门提供咨询。合同归档内容应当包括以下部分，如图 4-24 所示。

- 合同签订依据等背景材料
- 合同谈判、签订、履行等往来过程中形成的文件
- 合同对方的营业执照、证明文件等资料
- 合同文本及合同审批流程记录
- 签约各方授权委托书原件或复印件
- 合同争议解决的有关资料

图 4-24　合同归档所需资料

合同谈判、签订、履行等往来过程中形成的文件是指，相关的会议纪要、备忘录、担保文件等具有法律效力的文件。除以上资料外，还需其他需要归档的资料。

二、项目合同管理的注意事项

合同检查发现有下列行为之一，情节轻微且尚未造成损失的，应责成单位负责人及主要责任人予以纠正；造成公司重大经济损失或其他严重后果的，按照有关规定查处，并追究相关人员的责任；涉嫌犯罪的，依法移送司法机关处理。

（1）不按规定流程订立、变更或解除合同的。

（2）订立有重大缺陷或无效合同、虚假合同的。

（3）丢失合同文本及相关档案或擅自销毁合同文件及相关资料的。

（4）提供虚假资料的。

（5）合同履行不当的。

（6）发生争议后，隐瞒或不及时报告或不及时采取措施的。

（7）应当或可以追究对方违约责任而擅自放弃权利的。

（8）在合同订立或履行中，与对方或第三人恶意串通。

（9）收受贿赂或使用其他非法手段损害本单位合法权益的。

（10）泄漏合同意向、商业秘密或其他相关秘密的。

（11）未按授权规定签署合同或违反本制度进行转委托的。

（12）未按规定用印的。

（13）利用合同进行非法活动的。

（14）其他利用合同损害本单位合法权益的。

知识锦囊

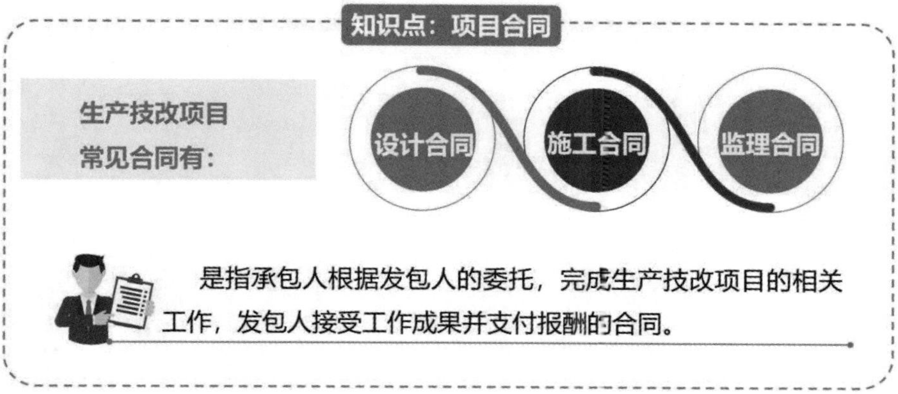

任务挑战

1. 项目采购方式有哪四种？分别适用于何种场景？

【解析】 项目采购主要包括招标、竞争性谈判、询价采购，以及单一来源采购四种采购方式。各种方式的采购流程有所差异，所以其适用情形也各不相同。其中，招标适用于《中华人民共和国招标投标法》第三条规定的工程建设项目，以及公司两级集中采购目录中建议可采用招标方式的相关物资与服务。

2. 合同管理的流程是什么？管理中要注意哪些问题？

【解析】 合同管理的流程包括确立合同对方当事人、合同起草与谈判、合同审批与签署、合同履行、合同变更与转让、合同争议解决等。在管理中，主要对合同的真实性、保密性、合规性给予重点关注。

第五章 实施管理

本章内容

项目实施是指从项目的勘察设计、建设准备、计划安排、工程施工、生产准备、竣工验收、直到项目建成投产所进行的一系列工作。它是项目建设的实质性阶段。在项目实施阶段，建设单位要组建管理机构，主持项目设计、施工的招标、评标，签订设计合同、施工合同、材料设备采购合同，制订项目实施计划，衔接、协调各方面的工作，招聘和培训工人，进行投产准备、试运转。设计单位要按期完成设计之件，施工单位要按期完成建筑安装任务，保证项目竣工投产，监理单位要严格监督项目的实施。因此，项目实施涉及多方单位、多个环节同期开展工作，对其过程进行科学管理非常必要。

本章将从设计、施工、建立、竣工验收四个方面分别对项目实施过程的管理进行说明，利于项目各方做好项目实施安排，顺利完成项目。

知识脉络

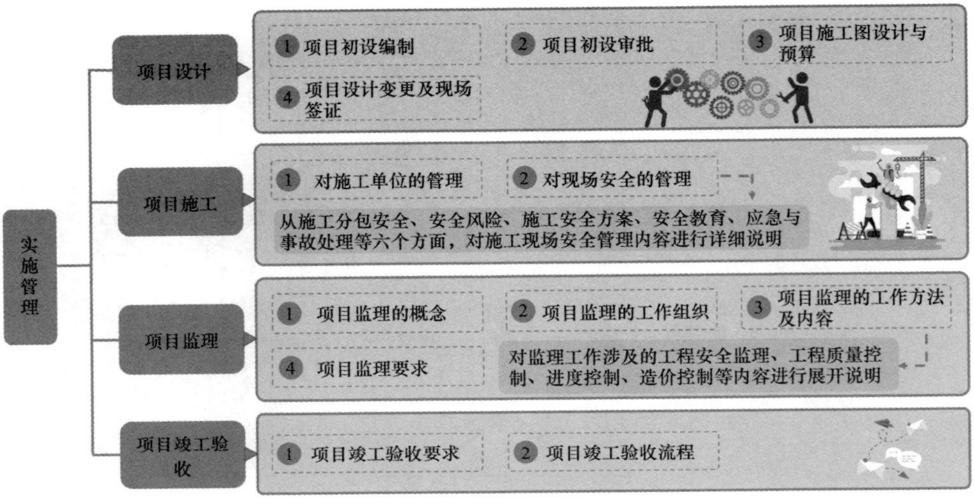

任务思考

1. 项目实施管理涉及哪几个板块，主要内容是什么？
2. 现场安全管理对项目施工进程有何影响？
3. 项目监理的工作内容及应规避的问题有哪些？

第一节 项目设计

学习目标

01 了解项目初设的概念与基本内容。

02 掌握项目初设评审内容与要求。

03 掌握施工图预案的编制及评审要求。

04 明确项目设计变更及现场签证的管理流程。

知识讲解

一、项目初设编制

（一）项目初步设计

初步设计是指设计部门或单位根据批准的项目可行性研究报告和设计基础资料，对建设项目进行深入研究，对项目建设内容进行具体设计。初步设计是编制年度投资计划和开展项目招投标工作的依据。

项目初步设计应包括以下内容，如图 5-1 所示。其中，设计说明书包含总论、设计方案、停电施工及临时过渡方案。初步设计文件编制有关的计算书、计算机辅助设计的计算资料、方案比较资料、内部作业草图、编制概算所依据的补充资料等需妥善保存，必要时提供评审专家组评审。

在通常情况下，如图 5-2 所示的项目应编制项目初设。除此之外，其他项目可直接编制施工图设计。

（二）委托编制初步设计

项目单位依据批准的可行性研究报告，按照公司设计招标相关规定，委托具有相应资质的设计单位编制初步设计文件。对于应对自然灾害、不可抗力、设备损坏等须紧急实施的项目，项目单位可采取非招标方式委托具有相应资质的设计单位编制初步设计或施工图设计。

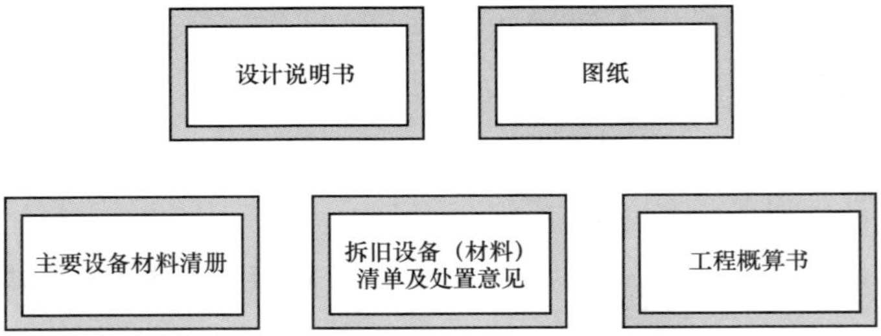

图 5-1　项目初设包含的文件资料

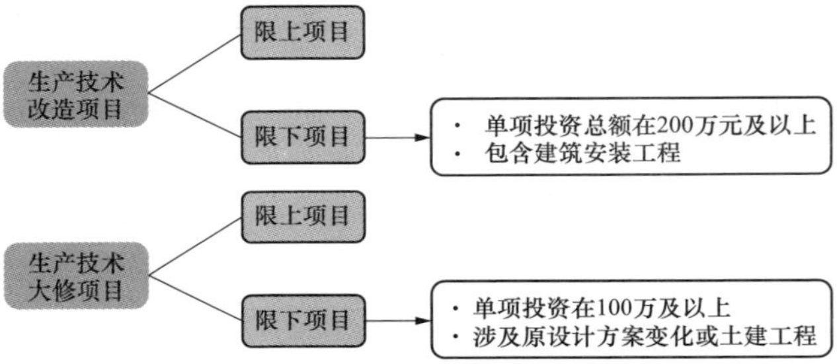

图 5-2　应编制初设的项目

此外，项目初设编制必须按照公司招投标管理有关规定开展，满足招标条件的项目初设编制工作必须进行招标。对于局部技术改造和设备大修项目因功能配套性等需要可委托原设计单位或可研编制单位设计，采取竞争性谈判或单一来源采购，并按照公司有关规定程序规范实施。

项目单位应向设计单位提供项目初设所需的基础资料，主要内容如图 5-3 所示。

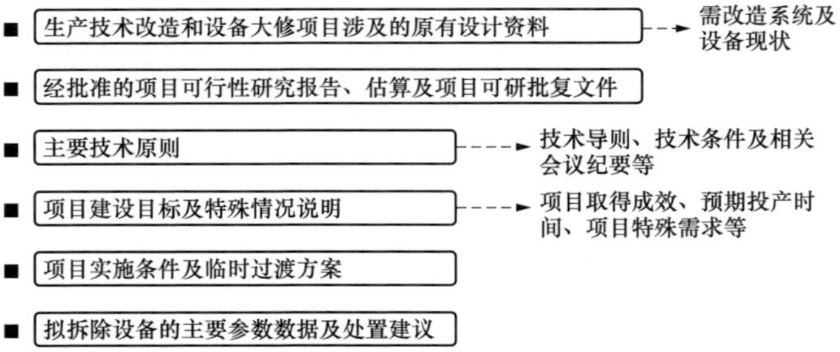

图 5-3　向设计单位提供的初设相关资料

设计单位依据批准的项目可研、设计基础资料、项目单位的委托合同，编制并及时提交项目初设文件。初设文件应满足以下要求：

（1）符合有关法律法规、国家标准、行业标准以及公司相关制度及规定的要求。

（2）在遵循批准的项目可研基础上，充分考虑与项目实施条件和既有设备的衔接，并根据项目内容要求提交施工电源、水源以及道路和大件运输、安全稳定装置配套设计、施工过渡等方案。

（3）项目初设应合理计列改造项目的赔偿、临时措施、现场清理等工程量和费用，并提供计费依据，不得随意估列。

（4）项目初设应满足生产技术改造和设备大修初设编制深度规定要求（详见附件二），确定主要设备材料清单，做到工程量和费用标准明确、临时过渡方案明晰。

（5）项目初设应细化拆旧设备清单并对拆旧设备的处置方式进行明确。

（6）对项目初设方案或重大技术问题应进行综合技术经济分析，论证技术适用性、可靠性和经济合理性。

（7）项目初设建设规模应与批准的项目可研相一致，严禁擅自扩大规模或提高标准。项目初设概算应控制在可研估算投资之内，对于初设概算超可研估算的应对超出原因做出分析及说明。

二、项目初设审批

（一）项目初设评审单位

项目初设评审实施计划管理，各级评审部门根据年度综合计划、项目实施进度安排等统筹制定月度项目初设评审计划，并组织各级经研院（所）、相关部门按计划开展项目初设评审工作。项目初设文件应在评审前 7 个工作日送达评审部门及经研院（所）。

公司总部、分部、各单位及所属单位相关专业部门按照专业分工分别负责组织审批权限内的相关项目初设，各级经研院（所）具体负责项目初设评审，其中省经研院负责省检修公司项目初设评审工作。

在甄选评审人员时，各级评审部门应根据项目情况严格甄选，评审人员应覆盖评审项目涉及的专业范围，并熟悉项目建设、管理、技术及造价等相关规定。

（二）项目初设评审内容

在审核初设文件时，需要核实概算编制依据、费用构成、计算标准、项目及费用性质划分、概算表格的规范性等。还要核实各项费用的计算标准，检查有无漏项或重复计列。拆旧设备（材料）清单数量需要核对是否准确，其处置意见是否科学合理。其他项目初设评审的主要内容如图 5-4 所示。

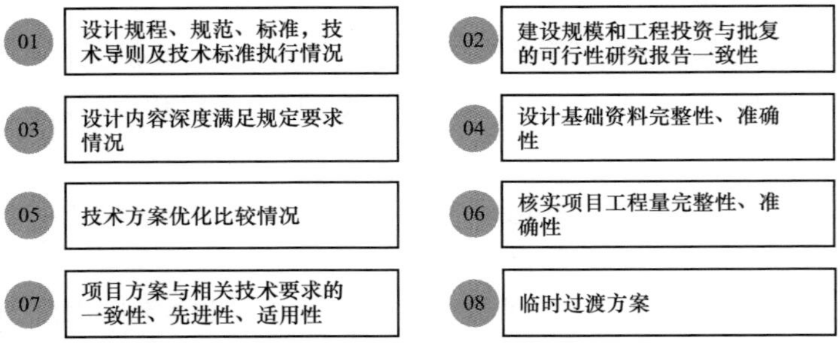

图 5-4　项目初设主要的评审内容

（三）项目初设评审意见

首先，设计单位应按照评审意见对项目初设进行修改，并在评审结束后的 10 个工作日内向经研院（所）提交项目初设审定稿。其次，经研院（所）应在接受项目初设审定稿的 10 个工作日内完成复核并出具项目初设评审意见，主要内容包括工程总体概况、工程规模、技术方案、技经部分及概算表等。最后，各级项目初设评审部门根据经研院（所）评审意见，行文批复或以会议纪要形式对项目初设予以确认，明确项目技术和技经等部分内容。

另外，项目初设规模及概算不得超出批准的项目可研规模和估算。如项目实施中因特殊原因造成规模发生变化或超概算的，应重新履行项目初设评审程序，项目可研审批单位应指派人员参加评审。对于项目初设规模和方案较可研发生重大变化或突破项目可研估算 10%及以上的项目应重新履行项目可研审批程序。

三、项目施工图设计与预算

（一）施工图预算的编制

施工图预算应由具有相应编制资质的单位根据“年度电网建设进度计划”的相关要求，及时完成施工图预算的编制和正式出版工作。

工程初步设计审核后，依据有关法律法规、国家标准、行业标准、公司企业标准和相关规定的要求以及施工图设计文件进行施工图预算编制。其编制内容包括如图 5-5 所示的部分，并按变电站、换流站、串补站、电缆工程、线路工程、通信站（中继站、微波站）工程、安全稳定控制系统工程等独立成册。

在进行施工图设计时，工程设计应严格应用“三通一标”成果，全面落实通用设备技术参数、电气安装接口、二次接口和土建接口“四统一”的工作要求。施工图设计进度、设计深度和质量应满足施工图预算编制要求，不得以扩大初步设计代替施工图设计。

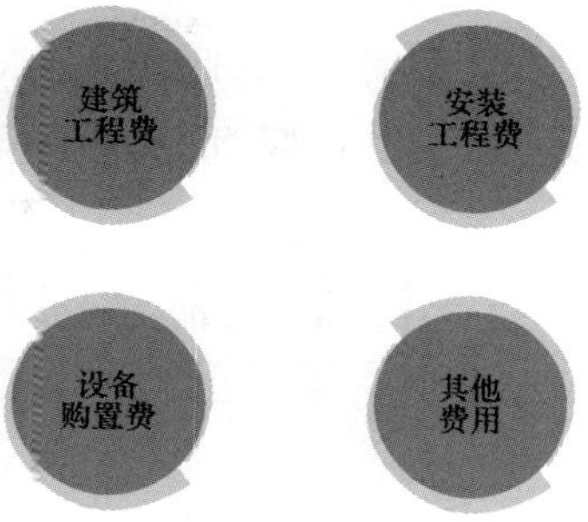

图 5-5 施工图预算的主要内容

编制完成后的施工图预算文件应履行校核、批准，并加盖单位公章，电子版数据应满足公司系统工程施工图预算相关软件要求。

（二）施工图预算的审核

施工图预算审核单位应按照国家、行业和公司的相关规程规范、规定要求开展审核工作，严格把握输变电工程施工图设计的技术经济标准，保证审核质量。审核中，有两个重要节点需要把握：一是，工程施工招标前应完成满足招标深度要求的建安工程施工图预算及相应的招标工程量清单及最高投标限价编制与审核；二是，工程开工前应完成基于施工图设计及物资招标结果的全口径施工图预算的编制及审核。

1. 审核方式

施工图预算审核可采用建设管理单位自行组织专家审核、委托经研院（所）组织审核等方式，根据招投标管理国家法律法规和公司相关规定应当招标的除外。编制单位应依据审核会议纪要于审核会后 10 个工作日内提交审定的施工图预算书。审核单位应于审核会后 10 个工作日内印发施工图预算审核意见。

2. 审核重点

施工图预算审核应重点审查施工图设计深度是否满足施工图预算编制要求，审核编制依据，审查工程量、价格、费用等内容，审核施工图预算与批准概算的各项费用及主要工程量的对比分析。

3. 施工图预算投资审核要求

施工图预算投资的审核要求具体如下：

（1）施工图预算原则上应控制在初设批准概算之内。

（2）施工图预算应依据施工图及现行定额计价依据或工程量清单计价规范准确计价，已招标设备、材料、服务类费用应按合同（协议价）计列，其他的按施工图预算编制原则计取相关费用。

（3）严禁在施工图预算中计列未提供技术方案的费用，对站外电源、站外水源、站外道路、围堰、安全稳定装置等配套的专项，应根据专项设计计列相应费用。

4. 其他审核要求

主要对施工图预算组成、施工图设计方案与规模、施工图预算工程量审核要求进行说明，如图 5-6 所示。

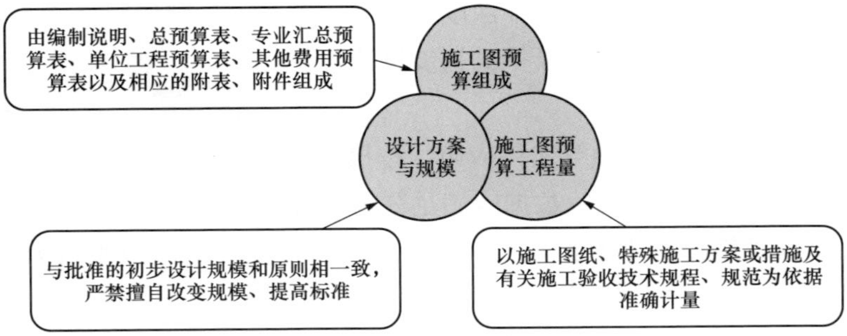

图 5-6　施工图预算的审核要求

四、项目设计变更及现场签证

（一）设计变更与现场签证的概念

设计变更是指工程实施过程中因设计或非设计原因引起的对施工图设计文件的改变。其中，设计原因是设计单位的勘察设计深度、设计文件内容等设计质量的原因。而非设计原因是指工程建设环境、政策法规和标准规范发生变化或施工、建设管理等单位要求改变的原因。设计变更按照变更内容或金额大小分为一般设计变更和重大设计变更。重大设计变更一般是改变了初步设计批复的设计方案、主要设备选型、工程规模、建设标准等原则意见，或单项设计变更（即某单一事项引起的设计变更）投资增减额超过 20 万元的设计变更；一般设计变更则是指除重大设计变更以外的设计变更。

现场签证是在施工过程中除设计变更外，其他涉及工程量增减、合同内容变更以及合同约定发承包双方需确认事项的签认证明。现场签证按金额大小分为一般签证和重大签证。重大签证是指单项签证投资增减额超过 10 万元的签证；一般签证是指除重大签证以外的签证。单项签证则为单一事项引起的签证。

（二）管理流程

设计变更与现场签证管理流程包括设计变更与现场签证的提出、审核、批准、形成工程变更文件、实施和文件归档。

1. 提出

对于设计变更，设计原因引起的设计变更由设计单位出具设计变更审批单；

非设计原因引起的设计变更由施工、监理或业主项目部等提出单位出具设计变更联系单，交设计单位出具设计变更审批单后进入审批流程。

对于现场签证，由施工单位提出并出具现场签证审批单。

2. 审批

设计变更与现场签证的审批流程如图 5-7 所示。

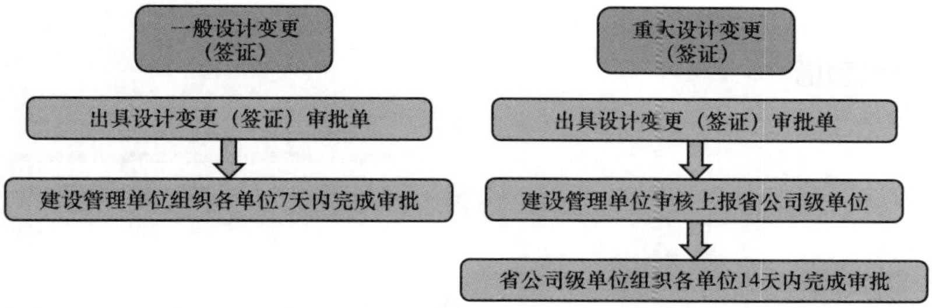

图 5-7 设计变更与现场签证的审批流程

对于部分重大设计变更，需要经省公司级单位上报请示文件，由国网基建部审批。设计变更与现场签证批准后，由监理单位下发现场执行。

设计变更与现场签证应由监理单位、设计单位、施工单位、业主项目部、建设管理单位或项目法人单位依次签署确认。如果发生紧急情况，监理单位认为将造成人员伤亡或危及项目法人权益时，监理单位可直接发布处理指令。

3. 编制工程变更文件

设计变更文件应准确说明工程名称、变更的卷册号及图号、变更原因、变更提出方、变更内容、变更工程量及费用变化金额，并附变更图纸和变更费用计算书等。

现场签证应详细说明工程名称、签证事项内容，并附相关施工措施方案、纪要或协议、支付凭证、照片、示意图、工程量及签证费用计算书等支撑性材料。

关于工程变更费用，设计变更费用应根据变更内容对应预算的计价原则编制，现场签证费用应按合同确定的原则编制。设计变更与现场签证费用应由相关单位技经人员签署意见并加盖造价专业资格执业章。若设计变更与现场签证未按规定履行审批手续，其增加的费用不得纳入工程结算。

4. 实施与文件归档

设计变更应及时实施，并严格执行施工、验收标准，满足建设要求。

对于变更文件归档，设计单位编制的竣工图应准确、完整地体现所有已实施的设计变更，符合归档要求。相关单位应及时归档设计变更与现场签证文件；引起费用变化的设计变更与现场签证，监理单位应及时整理报送业主项目部，作为工程结算的依据。

第二节 项 目 施 工

学习目标

01 了解施工单位的职责划分及工作要求。

02 掌握施工安全管理的五个主要方面。

知识讲解

一、对施工单位的管理

（一）施工项目部组建原则

1. 项目范围

施工项目部涉及的项目主要有四类，如图 5-8 所示。

2. 组建模式

施工项目部组建模式主要有三种，如图 5-9 所示。

（二）工作职责及岗位组成

1. 施工项目部工作职责

施工项目部负责组织实施施工合同范围内的具体工作，执行有关法律法规及规章制度，对项目施工安全、质量、进度、造价、技术等实施现场管理。具体工作职责如下：

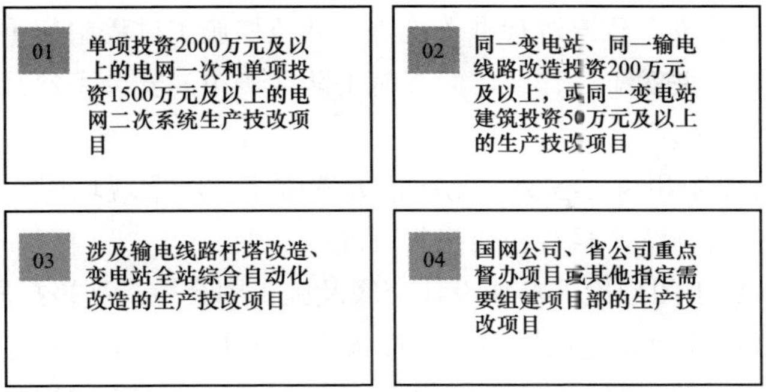

图 5-8 施工项目部涉及项目范围

图 5-9 施工项目部的组建模式

（1）贯彻执行国家、行业、地方及公司相关建设标准、规程和规范，落实公司各项管理制度，执行施工项目标准化各项要求。

（2）建立健全项目、安全、质量等管理网络，落实管理责任。

（3）编制项目管理实施规划，报监理项目部审查、业主项目部审批后实施。

（4）报送施工进度及停电需求计划，并进行动态管理，及时反馈物资供应情况。

（5）负责施工项目部人员及施工人员的安全、质量教育，提供必需的安全防护用品和检测、计量设备。

（6）参加项目工作例会、专题协调会，落实上级和业主、监理项目部的管理工作要求，协调解决施工过程中出现的问题，并将重大问题及时报请监理、业主项目部协调。

（7）对分包工程实施有效管控，监督分包商落实分包工程的各项管理要求。

（8）负责组织现场安全文明施工，制订风险预控措施，并在施工中落实；开展并参加各类安全检查，对存在的问题闭环整改。

（9）配备施工机械管理人员，落实施工机械安全管理责任。对进入现场的施工机械和工器具的安全状况进行准入检查，并监控施工过程中起重机械的安装、拆卸、重要吊装、关键工序作业，负责施工队（班组）安全工器具的定期试验、送检工作。

（10）参与编制和执行各类现场应急处置方案，配置现场应急资源，开展应急教育培训和应急演练，执行应急报告制度。

（11）组织施工图预检，参加设计交底及施工图会检，严格按图施工。

（12）严格执行项目建设标准强制性条文，全面应用标准工艺，落实质量通病防治措施，通过数码照片等管理手段严格控制施工全过程的质量和工艺。

（13）规范开展施工质量班组级自检和项目部级复检工作，配合各级质量检查、质量监督、质量验收等工作。

（14）负责编制施工方案、作业指导书或安全技术措施，组织全体作业人员参加交底，并按规定在交底书上签字确认。

（15）负责施工档案资料的收集、整理、归档、移交工作。

（16）项目发生质量事件、安全事故时，按规定程序及时上报，参与并配合调查和处理工作。

（17）负责项目质保期内保修工作。

2. 施工项目部岗位组成及要求

施工项目部设置施工项目经理、技术员、安全员、质检员、造价员、资料信息员、材料员等岗位。项目部至少配备项目经理、技术员、安全员、质检员等主要管理人员各1人，其余岗位可根据施工需要，由施工单位统一调配或者由主要管理人员兼任，其中联合项目部可根据项目需要增设技术员、安全员等。

（三）工作要求

施工项目部工作实行项目经理负责制，通过计划、组织、协调、监督、评价等管理手段，推动工程建设按计划实施，实现工程安全、质量、进度、造价和技术等各项建设目标。

1. 施工项目部管理原则

施工中标单位应在工程项目启动前按已签订的施工合同组建施工项目部，并以正式文件的形式任命项目经理等主要管理人员，并抄报业主、监理项目部。组建联合施工项目部的项目应在发文时附完整的项目清单，临时增加项目时应补充发文。

施工单位不得随意变更项目经理，特殊原因需要变更时，按有关合同规定征得建设管理单位同意后办理变更手续，并报监理项目部备案。施工项目部主要管理人员发生变动时，由施工单位重新发文，并按程序报备。

2. 施工项目部场所要求

施工项目部须有固定、独立的办公场所，且应配备满足施工管理所必需的办公设施。独立施工项目部应配置相应的计算机、打印机、网络、数码相机。

施工项目部应将施工项目部组织机构、工作职责、各岗位工作职责、项目进度管控表、施工项目部基本工作流程图等设置上墙。

项目部命名应规范统一，具体格式为：××施工项目部，××技改项目施工联合项目部。

3. 施工项目部工作重点

项目建设按照项目前期、项目实施和总结评价三个阶段，将项目、安全、质量、造价、技术等管理工作贯穿其中，注重全过程管理。全面落实 13 个重点环节的工作流程及要求，做好关键点管控，如图 5-10 所示。

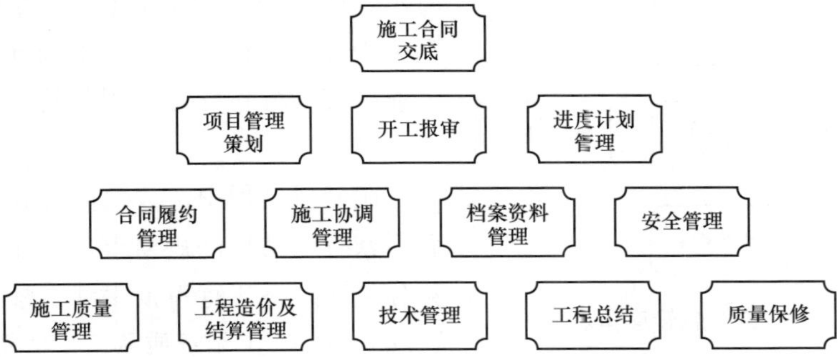

图 5-10　施工项目部的 13 个重点环节

二、对现场安全的管理

（一）施工分包安全管理

公司组织制定工程建设分包安全管理相关规定，监督指导公司投资建设的工程项目和所属施工企业分包安全管理工作，建立分包管理统一信息平台。省公司应组织所属施工企业完善分包商资质审查机制，负责管理范围内工程及所属施工企业施工分包安全管理工作的监督、检查、评价和考核。建设管理单位应在招标文件中明确可以分包的工作范围和分包安全管理要求；分包事项在工程施工合同中无约定的，必须经建设管理单位同意后方可进行分包。

施工分包安全管理中涉及业主项目部、监理项目部、施工企业、施工项目部四大主体，其具体职责如下：

1. 业主项目部

业主项目部对施工项目部报送的施工分包资料进行备案，定期组织开展工程项目分包管理检查，考核评价工程项目各参建单位分包管理工作。核查进场分包队伍资质及人员资格，监督施工项目部对分包安全的全过程管理，对施工、监理项目部分包安全管理工作进行考核、评价，接受施工分包管理资料备案。

2. 监理项目部

监理项目部对施工项目部报送的施工分包资料进行备案，动态核查进场分包队伍的人员配备、施工机具配备、技术管理等施工能力，发现问题及时提出整改要求，实施闭环管理。

3. 施工企业

施工企业是分包安全管理工作的责任主体，应建立分包管理体系，如图 5-11 所示。施工企业应在施工承包合同中明确本工程分包工作内容，在工程分包项目开工前，应与分包商签订规范的分包合同及安全协议。

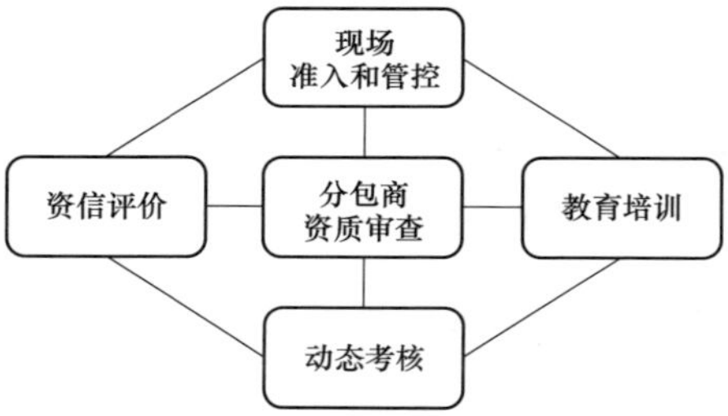

图 5-11　立分包管理体系

在分包过程中，分包内容和方式应遵循国家有关法律法规要求，专业分包、劳务分包应严格履行审批手续。禁止转包或违规分包；禁止无资质队伍采取资质借用、挂靠等手段参与分包；禁止施工承包商以包代管、以罚代管。

4. 施工项目部

施工项目部具体负责工程项目分包队伍的安全管理工作，对劳务分包人员进行监督管理和评价；组织对专业分包商自带施工机械和工器具的准入检查、施工方案的审查备案和人员持证上岗审查，对分包队伍施工活动组织安全检查，对分包商管理的动态监管和考核评价。

（二）安全风险管理

安全风险管理主要是针对输变电工程的。公司及所属各单位应建立输变电工程施工安全风险管理体系，成立相应的输变电工程施工安全风险管理组织机构，组织和推动本单位输变电工程施工安全风险管理工作，并制定输变电工程施工安全风险管理制度，每年对基建安全工作状况进行系统性分析、评估，督促指导风险管理工作的开展。

在对输变电工程施工安全风险进行管理时，应采取分级管理模式，建设管理、设计、监理、施工企业负责工程项目的施工安全风险管理工作体系，来监督、指导项目部做好风险识别、评估和控制工作，并通过信息化手段监控施工安全重大风险作业进程，履行重大风险作业到岗到位责任。以下主要对省级公司、设计单位、施工企业、施工项目部在安全风险管理中的职责进行说明。

1. 省级公司

省级公司应定期分析本单位的输变电工程施工安全风险，并制定相应的措施。同时要检查、评价考核建设管理单位和所属施工、监理单位的风险管理工作，通过信息化手段监控施工安全重大风险作业进程，履行四级风险作业到岗到位责任。

2. 设计单位

设计单位应响应设计招标文件的要求，提供工程重大风险清册，围绕工程主要特点、安全风险等方面开展安全设计交底。

3. 施工企业

施工企业应履行施工安全风险管理主体责任，要确保施工安全风险始终处于受控状态。其主要职责如图 5-12 所示。

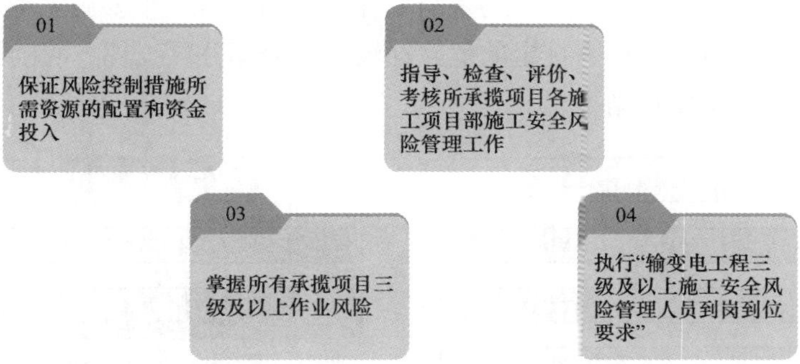

图 5-12 施工企业在施工安全风险管理中的职责

保证风险控制措施所需资源的配置和资金投入，指导、检查、评价、考核所承揽项目各施工项目部施工安全风险管理工作，必要时提供技术支持手段或其他措施。施工企业要掌握所有承揽项目三级及以上作业风险，执行“输变电工程三级及以上施工安全风险管理人员到岗到位要求”。

4. 施工项目部

施工项目部应做好风险初勘，开展作业安全风险识别与评估工作，建立《安全风险识别评估清册》；作业前按要求开展现场风险复测，根据实际情况及风险管控关键因素确定风险等级，制定并落实风险管控措施，组织办理施工作业票，执行“输变电工程三级及以上施工安全风险管理人员到岗到位要求”。

（三）施工安全方案管理

施工安全方案是工程现场施工安全工作执行的各类安全文件的统称，包括施工项目部组织编制的项目管理实施规划（施工组织设计）中的安全技术管理内容、施工安全管控措施、一般施工方案及专项施工方案等。

1. 项目管理实施规划（施工组织设计）

项目管理实施规划（施工组织设计）由施工项目经理组织编制，应有单独章节描述施工安全管理相关要求；经施工企业技术、质量、安全部门审核，施工企业技术负责人审批，报监理项目部审查、业主项目部批准后组织实施。

2. 施工安全管控措施

施工安全管控措施由施工项目部总工程师组织编制，经施工企业安全、技术部门审核，分管领导审批，报监理项目部审查、业主项目部批准后组织实施。

3. 一般施工方案或专项施工方案

一般施工方案或专项施工方案由施工项目部根据工程实际编制，其审批流程如图 5-13 所示。其中，专项施工方案针对重要临时设施、重要施工工序、特殊作业、危险作业项目以及国家规定的危险性较大的分部分项工程，明确具体安全技术措施，并附安全验算结果。

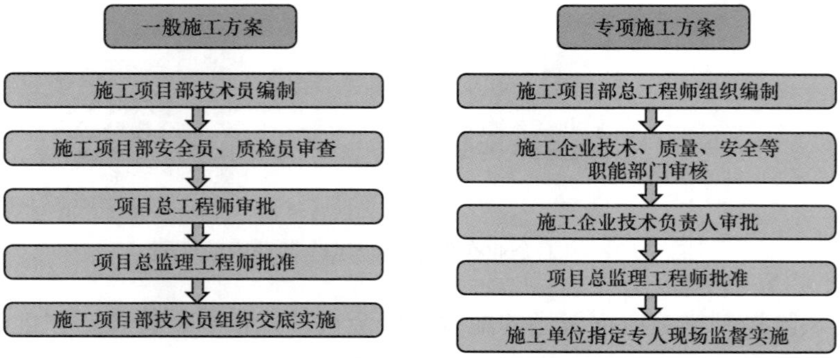

图 5-13　一般施工方案及专项施工方案的审批流程

对超过一定规模的危险性较大的分部分项工程的专项施工方案（含安全技术措施），经施工企业技术负责人、项目总监理工程师审核后，施工企业还应按国家有关规定组织专家进行论证、审查，并根据论证报告修改完善专项施工方案，并经业主项目经理审批后由施工单位指定专人现场监督实施。

4. 施工作业票

现场施工前必须办理施工作业票，作业票由工作负责人填写。施工作业A票经班组技术员和安全员审核，由施工项目总工程师签发；施工作业B票经项目部技术员和安全员审核，由施工项目经理签发。每日应开展站班会及风险控制措施检查，并做好记录，作业人员签名后实施。

不同作业工序，当满足同一区域、同一班组、同一类型的条件时，可依据工程施工实际，合并办理作业票，并按其中最高的风险等级确定作业票种类；对同一班组，工序和作业内容、安全措施、主要作业人员相同，作业地点不同的同类作业，可合并办理同一张作业票。

施工周期超过一个月或重复施工的施工项目，应重新组织方案交底；如施工方法、机械（机具）、环境等条件发生变化，应完善措施，重新报批，重新办理作业票，重新交底。

（四）安全教育培训

公司基建安全教育培训工作实行逐级负责制，目的在于确保全员接受培训，加强企业安全文化建设，提高安全管理和技能水平。

1. 各单位培训计划

公司相关部门每年制定年度基建安全培训计划，分别对图5-14所示的三类人员进行培训。

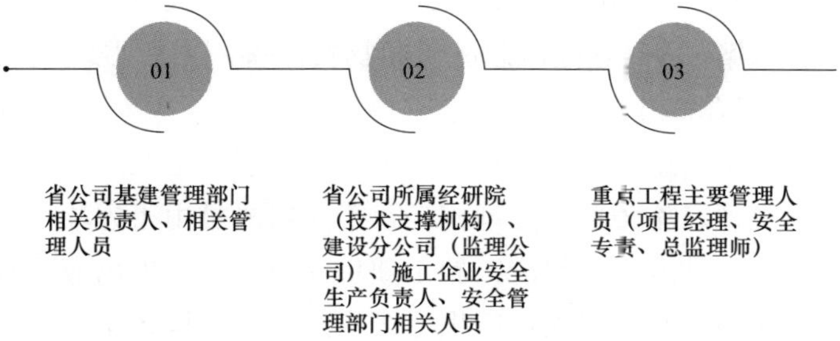

图5-14 公司年度基建安全培训计划培训人员

省公司基建管理部门相关负责人、相关管理人员，省公司所属经研院（技术支撑机构）和建设分公司（监理公司）、施工企业安全生产负责人、安全管理部门相关人员，重点工程主要管理人员（项目经理、安全专责、总监理师）进行安全培训。

省级公司、地市（县）公司级单位制定本单位的年度基建安全培训计划，对本单位各级基建管理相关负责人、相关管理人员，所属建设队伍安全生产负责人、相关管理人员，以及在建项目主要管理人员进行安全培训。

建设管理单位对基建管理人员进行安全培训；业主项目部对监理、施工项目部主要管理人员参加培训的情况进行检查、监督。

监理、施工企业应每年至少组织一次对所有从业人员进行的安全培训；施工企业督促检查分包商人员的安全教育培训，对劳务分包人员要建立专项教育名册，按照与本单位员工相同的要求开展培训。

2. 培训频次与取证

省公司及所属各单位基建管理部门负责人、安全管理相关人员，施工单位分管安全生产负责人及安全监督部门相关人员等，至少每两年接受一次公司或省公司组织的基建安全培训，并考试合格。

施工企业对新录用人员应进行不少于40个课时的三级安全教育培训，经考试合格后方可上岗工作。

施工企业主要负责人、项目经理、专职安全管理人员、特种作业人员必须按照国家有关规定培训取证后，方可上岗工作。

施工企业在施工中运用新技术、使用新装备、采用新材料、推行新工艺以及职工调换工种时，应对作业人员进行相应的安全教育培训，经考试合格后方可上岗工作。

（五）应急与事故处理

基建应急管理工作应纳入本单位应急管理体系，在本级应急管理机构的统一领导下，成立由基建管理部门负责人任组长的基建专业应急工作组。同时组织编制基建专业应急预案，落实基建应急队伍和物资储备，以确保实现快速应急响应。

1. 成立项目应急工作组

建设管理单位负责组建工程项目应急工作组，组长由业主项目经理担任，副组长由总监理工程师、施工项目经理担任，工作组成员由工程项目业主、监理、施工项目部的安全、技术人员组成；施工项目部负责组建现场应急救援队伍。

项目应急工作组及其组成人员应报上级应急管理机构备案（包括通信方式）。项目应急工作组应建立值班机制；值班人员及通信方式在其管理范围内公布，并确保通信畅通。

2. 制定现场应急处置方案

应急管理应与现场生产实际紧密结合，体现应急工作三个项目统一指挥、统一协调、统一行动。项目应急工作组负责组织制定现场应急处置方案，监督施工项目部建立应急救援队伍，配备应急救援物资和器具，开展应急救援培训，组织开展应急处置方案演练。负责在应急状态下启动应急处置方案，组织应急救援，服从上级应急管理机构的指挥。

现场应急处置方案应由业主安全专责、安全监理工程师、施工安全员等工作组成员共同制定，经施工项目经理、总监理工程师、业主项目经理审查，报建设管理单位分管领导批准后开展演练，并在必要时实施。

根据现场需要，现场应急处置方案中一般应包括（但不限于）图 5-15 所示内容的现场应急处置。

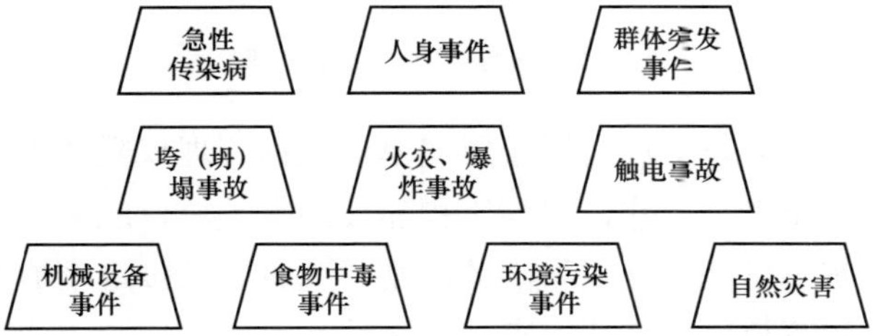

图 5-15　现场应急处置方案涉及范围

制定现场应急处置方案后，还需开展演练。演练以施工单位为主体开展，监理和业主项目部参与。施工项目部在工程开工后或每年至少要开展一次应急救援知识培训和应急演练，制定并落实经费保障、医疗保障、交通运输保障、物资保障、治安保障和后勤保障等措施，确保应急救援工作的顺利进行。

当应急事件发生时，项目应急工作组接到应急信息后应立即按规定启动现场应急处置方案，组织救援工作，同时上报上级应急管理机构。应急响应要及时、迅速、有序、处置正确。事故（事件）现场得以控制，环境符合有关标准，当次生、衍生事故隐患消除后，应急响应结束。

3. 基建安全事件

一般来说，一旦发生基建安全事件，工期进程会受到较大阻碍。因此，安全事件报告应当及时、准确、完整，任何单位和个人不得迟报、漏报、谎报或者瞒报，报告后出现新情况的应即时补报。相关单位应迅速抢救伤员，并派专人严格保护现场。未经调查和记录的基建安全事件现场，不得任意变动。

基建安全事件即时报告制度除严格执行国家电网安监〔2020〕820 号《国家电网公司安全事故调查规程》有关条款外，工程各参建单位、建设管理单位及各级基建管理部门要严格执行图 5-16 所示的要求。

对于基建原因引起的六级及以上人身、电网和设备事件，省公司基建管理部门应在收到事件报告 1 小时内，向同级安全质量监察部门和行政值班机构报告。

01	02	03	04
发生基建安全事件后，现场人员应立即向现场负责人报告，由现场负责人向本单位负责人即时报告，同时要向建设管理单位、监理单位报告	发生基建原因引起的六级及以上人身、电网和设备事件，工程建设管理单位、施工单位、监理单位应在1小时内上报省公司基建管理部门，24小时内上报事件书面材料	发生基建原因引起的五级及以上人身、电网和设备事件，省公司基建管理部门在收到事件报告后1小时内，上报国网基建部，同时在24小时内上报事件书面材料	国网基建部应在收到安全事件报告1小时内，将初步情况通报国网安质部和总值班室

图 5-16　基建安全事件处理要求

安全事故（事件）发生后公司及所属单位根据管理权限和上级授权，组织或参与事故（事件）调查组工作，参与工程建设的有关单位应积极配合调查工作。调查处理应坚持实事求是、尊重科学的原则，及时、准确地查清事故（事件）经过、原因、性质和事故损失，认定事故（事件）责任，按照“四不放过”原则，总结事故（事件）教训，提出整改措施。

发生安全事件的单位应认真落实事故调查处理结论和整改措施要求，在征得事故（事件）调查组的同意后，组织事故（事件）现场的处理与恢复。同时应吸取教训，认真组织举一反三的整改，杜绝类似事故（事件）的发生，并应做好事故（事件）资料的收集、整理、统计和存档工作。

第三节　项　目　监　理

学习目标

01 了解项目监理的基本概念与范围。

02 理解监理方的职责要求。

03 运用监理方的工作方法与七大工作内容。

知识讲解

一、项目监理的概念

项目监理是指由独立的、专业化的社会监理单位，受业主（或投资者）的委托，对项目建设全过程实施的一种专业化管理。对于非自行实施的，且满足以下任一条件的项目，应实行项目监理，监理单位资质应符合国家和行业相关规定要求。

（1）规模限上项目。

（2）工作内容符合项目监理目录，且监理费用达到 2.5 万元及以上的项目。

（3）由于现场安全作业条件恶劣、改造方案复杂或施工技术难度高等因素，可能导致安全、质量、进度或造价问题的项目。

二、监理工作组织

（一）成立监理项目部

监理合同签订后一个月内，监理单位应根据相关规定和监理合同的约定成立监理项目部，成立监理项目部的正式文件应报建设管理单位备案。

输变电工程建设监理实行总监理工程师负责制，建立以总监理工程师为第一责任人的监理管理体系。监理项目部应保持人员稳定，需调整总监理工程师时，由监理单位书面报建设管理单位批准；需调整专业监理工程师时，总监理工程师应提前征得业主项目部同意，并书面通知业主项目部、施工项目部。

监理项目部应明确监理岗位及职责，并配备相应的监理人员，监理人员需持证上岗。

（二）监理的资源需求

监理单位应为监理项目部配备满足独立开展监理工作的各类资源（见图 5-17），并在工程建设期间，结合工程实际，合理调整资源配备，满足监理工作需要。

（三）监理的交底工作

监理单位、监理项目部应实施逐级交底，确保监理工作全面、顺利实施，具体要求如下：

（1）监理单位应在监理工作实施前对监理项目部全体人员进行监理合同、监理大纲的交底。

1	足额合格的监理人员
2	必要的办公、交通、通信、检测、个人安全防护用品等设备或工具
3	满足本工程需要的法律、法规、规程、规范、技术标准等依据性文件等

图 5-17　监理工作的资源需求

（2）项目总监理工程师应对全体监理人员进行监理规划、安全监理工作方案的交底。

（3）监理项目部应根据工程不同阶段和特点，对现场监理人员进行技术交底，交底内容应包括项目监理实施细则、监理旁站方案、安全监理工作方案、标准工艺策划、质量通病防治控制措施等。

（四）监理的培训

监理单位、监理项目部应加强培训，确保监理人员掌握监理工作的内容、要求、方法。各类培训完成后应进行考试，不合格人员不得进入监理项目部。其具体培训要求如图 5-18 所示。

1	监理单位应对全体监理人员进行监理相关知识的培训
2	项目总监理工程师应对监理项目部全体监理人员进行相关管理制度、标准、规程规范的培训
3	监理项目部应根据工程不同阶段和特点，对现场监理人员进行岗前教育培训，培训内容应包括工程项目特点、技术要求、监理工作方法等

图 5-18　监理工作的培训要求

在工程建设项目监理实施过程中，总监理师应每月定期向监理单位本部和业主项目部报告监理工作开展情况，由监理单位定期向业主项目部书面报告监理工作任务完成情况，工程竣工投运后向委托方提交监理工作总结。专业监理工程师应认真填写监理工作日志。

三、监理工作方法及内容

（一）监理的工作方法

输变电工程建设监理依据国家有关法律法规、监理合同和公司制度，通过文件审查、签证、见证、旁站、巡视、平行检验等监理手段（见图 5-19），开展监理检查，对施工全过程进行有效控制。

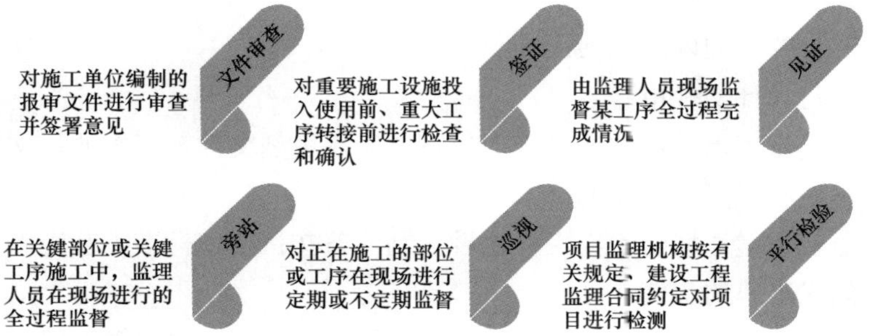

图 5-19 项目监理的工作方法

其中，平行检验检测的项目为施工单位同时自检的项目。

（二）监理的工作内容

输变电工程建设监理的主要工作内容包括监理范围内的工程安全监理、质量控制、进度控制、造价控制、合同管理、信息管理、工程协调等。开展建设项目环境监理和水土保持监理的，按照公司有关规定执行。

1. 工程安全监理

工程安全监理的内容包括：

（1）审查施工安全管理及风险控制方案、安全技术方案和专项安全措施等安全文件。

（2）参加安委会和安全工作例会。

（3）进行日常的安全巡视检查，组织定期或专项安全检查并督促整改闭环，出现重大不符合情况应立即签发工程暂停令并督促停工整改。

（4）审查分包计划、分包商资质、分包合同及分包安全协议，全过程监督项目分包管理工作。

（5）监督施工项目部开展安全通病防治、工程建设安全类强制性条文执行工作。

（6）监督施工项目部机械、安全信息管理、安全教育培训、安全应急管理。

（7）对重要设施和重大工序转接进行安全检查签证。

（8）监督施工项目部开展施工安全管理及风险预控工作。对三级及以上风险等级的施工工序和工程关键部位、关键工序、危险作业项目进行安全旁站。

（9）参与项目安全管理评价。

（10）参与事故应急和调查处理。

2. 工程质量控制

工程质量控制的内容包括：

（1）参与设计文件审查。

（2）审查施工承包商的质量管理体系、质量策划文件等有关质量文件。

（3）组织召开质量工作例会。

（4）监督质量通病防治、工程建设强制性条文执行、标准工艺应用、达标投产和工程创优工作的实施。

（5）对现场进行日常巡视检查，开展平行检验工作。对关键工序、关键部位开展质量旁站监理。

（6）对质量管理中出现的重大不符合情况立即签发工程暂停令并督促停工整改。

（7）组织主要设备的到货验收和开箱检查，按合同约定检查通用设备的技术参数、规范和接口的情况并进行确认。

（8）检查施工承包商采购的拟进场工程材料、半成品和构配件是否符合设计和规范的要求；按相关规定对用于工程的材料进行见证取样、平行检验。

（9）对隐蔽工程进行验收签证，组织检验批、分项、分部工程质量验收和开展监理初检工作，参加单位工程质量验收、中间验收、竣工预验收、启动验收及质量监督检查活动。

（10）监督、确认质量问题的整改闭环，督促承包商及时对不合格工程返工、修复或采取其他补救措施并验收返工、修复或采取其他补救措施后的工程。

（11）参与、配合质量事故的调查处理。

（12）配合达标投产考核和优质工程评选工作，参与质量回访。

3. 进度控制

进度控制的主要内容如图 5-20 所示。

4. 造价控制

造价控制的主要内容如图 5-21 所示。

01 核查工程开工条件，督促开工条件的落实

02 根据工程里程碑进度计划，审查业主提供材料、设备的供货计划，审查施工项目部编制的施工进度计划

03 审查工程工期变更申请，检查施工进度计划的实施情况，督促纠偏

图 5-20 进度控制的主要内容

01 审查承包商资金使用计划和工程预付款申请

02 核实工程量，审核施工项目部工程进度款支付申请

03 审核设计变更并监督实施，按合同约定和公司有关规定审查设计变更预算费用

04 审核费用索赔申请和竣工结算文件

图 5-21 造价控制的主要内容

5. 工程协调

工程协调的内容包括：

（1）定期组织或参与工地会议。

（2）协调工程参建单位之间的工程管理问题。

6. 合同管理

合同管理的内容包括：

（1）监督检查施工承包商及分包商的合同履行情况。

（2）协调合同执行过程中出现的工程暂停、工程变更、费用索赔、工程延期及工期延误、合同争议、合同解除等问题。

7. 工程信息管理

工程信息管理的主要内容包括但不限于以下内容：

（1）编报监理月报，工程竣工投运后向委托方提交监理工作总结。

（2）使用基建管理信息系统上报工程及监理工作信息。

（3）采集工程施工过程安全质量监理数码照片。

（4）督促、审核施工项目部上报分包动态监管信息。

（5）对设计、施工承包商档案资料的及时性、完整性、准确性进行过程检查、监督。

（6）及时整理、移交合格的工程监理档案资料。

四、项目监理要求

（一）监理项目部组建原则

1. 项目范围

监理项目部涉及的项目主要有四类，如图 5-22 所示。

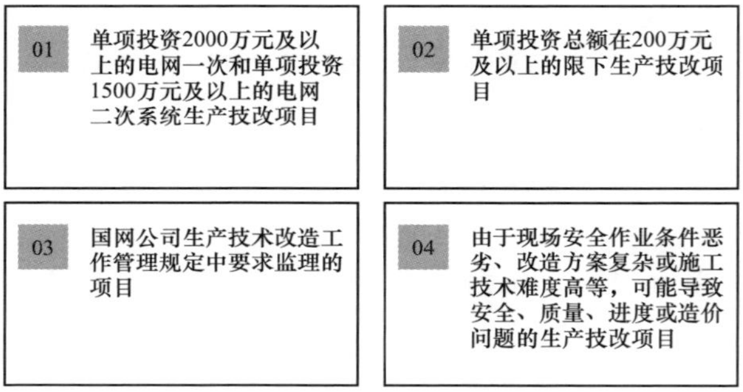

图 5-22 监理项目部涉及的项目范围

2. 组建模式

监理项目部的组建模式主要有两种，如图 5-23 所示。

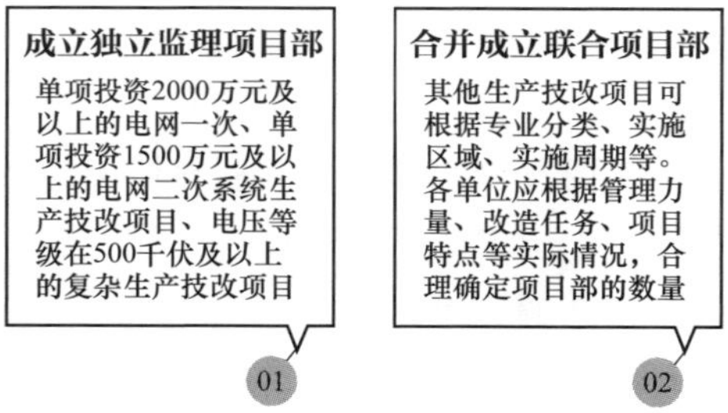

图 5-23 监理项目部的组建模式

（二）工作职责及岗位组成

1. 监理项目部工作职责

监理项目部应贯彻执行国家、行业工程建设的标准、规范和规程，落实国家电网公司、网省公司、建设单位各项管理制度。严格履行监理合同赋予的职责、权利、义务，负责组织实施工程项目监理服务的具体工作，对项目安全、质量、造价、进度进行控制，协调项目建设相关方关系，努力实现项目各项目标。具体职责如下：

（1）建立健全监理项目部安全、质量组织机构，严格执行项目管理制度，落实岗位职责，确保监理项目部安全质量管理体系有效运作。

（2）对施工图进行预检，形成预检意见。参加设计交底及施工图会检，监督有关工作的落实。

（3）结合项目实际情况，组织编制监理规划，报业主项目部批准后实施。

（4）审查项目管理实施规划、施工方案（措施）等施工策划文件，提出监理意见，报业主项目部审批。

（5）根据项目特点，对现场监理人员进行岗前教育培训和技术交底。

（6）审核项目开工报审表及相关资料，报业主批准后，签发开工报告。

（7）审查施工分包商报审文件，对施工分包管理进行监督检查。

（8）定期检查施工现场，发现存在安全事故隐患的，应要求施工项目部整改。情况严重的，应要求施工项目部暂停施工，并及时报告业主项目部。施工项目部拒不整改或不停止施工的，应即时向有关主管部门汇报。

（9）组织进场材料、构配件的检查验收；通过见证、旁站、巡视、平行检验等手段，对全过程施工质量实施有效控制。监督、检查项目管理制度、建设标准强制性条文、标准工艺、质量通病防治措施的执行和落实。通过数码照片等管理手段强化施工过程质量和工艺控制。

（10）按规定进行项目设计变更和现场签证管理。

（11）审核工程进度款支付申请，按程序处理索赔，参加竣工结算。

（12）定期组织召开监理例会，参加与本项目建设有关的协调会。

（13）负责项目信息与档案监理资料的收集、整理、上报、移交工作。

（14）配合各级检查、质量监督等工作，完成自身问题整改闭环，监督施工项目部完成问题整改闭环。

（15）组织开展监理初检工作，做好项目中间验收、竣工预验收和启动验收期间的监理工作。

（16）项目投运后，及时对监理工作进行总结。

（17）负责投产后质保期内监理服务工作。

2. 监理项目部岗位组成及要求

监理项目部设置总监理工程师、安全监理工程师、专业监理工程师、监理员、造价员和信息资料员等岗位。监理项目部至少配备总监理工程师、安全监理工程师各 1 人，专业监理工程师或监理员 1 人。其余岗位可根据监理需要，由监理单位统一调配或其他岗位人员兼任。监理单位可根据项目规模和项目需求来合理配置监理项目部人员总数。

（三）工作要求

监理项目部工作实行总监理工程师负责制，监理人员需持证上岗，通过计划、组织、协调、监督、评价等管理手段，努力实现项目安全、质量、造价、进度各项目标。

1. 监理项目部管理原则

监理中标单位应根据监理合同约定的服务内容、服务期限等在监理合同签订 15 天内成立监理项目部，并将监理项目部的成立文件及总监理工程师的任命文件报建设管理单位备案。组建联合监理项目部的应在发文时附完整的项目清单，临时增加项目时应补充发文。

监理项目部的周期：自发文至完成监理合同约定的监理工作为止。

监理项目部应保持人员稳定，不得随意变更总监理工程师，特殊原因确需要变更时，应书面报建设管理单位批准。

2. 监理项目部场所要求

监理项目部须有固定、独立的办公场所，且应配备满足监理办公需要的检测设备、工器具、宽带网络、交通工具及办公基本设备与设施。

监理项目部应将监理项目部组织机构、工作职责、各岗位工作职责、监理项目部基本工作流程图等设置上墙。

项目部命名应规范统一，具体格式为：××项目监理项目部。

3. 监理项目部工作重点

项目建设按照项目前期、项目实施和总结评价三个阶段，落实 14 个环节（见图 5-24）重点工作流程及要求，做好关键点管控。项目单位要督促监理单位对项目安全、质量、进度、造价进行控制，按照项目里程碑计划及时提交监理资料。项目单位应组织对各监理单位工作进行检查、评价和考核。

图 5-24　监理项目部的重要工作环节

第四节　项目竣工验收

学习目标

01 了解竣工验收要求。

02 掌握竣工验收流程，重点掌握竣工验收管理中的三大步骤。

知识讲解

一、项目竣工验收要求

项目竣工验收应依据国家及行业有关法规、标准和规程、工程设计文件、监理报告、竣工验收申请等组织开展。对于委托运维资产项目，原则上由受托运维单位组织验收，委托单位也可根据实际情况自行组织指定项目验收。

二、项目竣工验收流程

（一）竣工验收管理

1. 自验收及验收资料准备

在正式验收前需要做好自验收及验收材料准备工作，具体内容如下：

（1）项目施工结束后，应首先进行自验收。对于本单位实施项目，由实施班组自验收；对于非本单位实施项目，由施工单位自验收。

（2）自验收合格后，实施班组或施工单位向项目单位提出项目竣工验收申请，并整理以下资料提交项目单位：设备技术资料、安装调试记录、交接试验报告。对于实行监理的项目，竣工验收申请及资料提交应经监理单位同意。

（3）项目设计单位编制设计总结报告，重点说明有关反事故措施的落实情况，设计变更情况及具体原因。

（4）项目监理单位编制监理验收及总结报告，说明工程监理中存在的问题及整改情况。

2. 项目单位验收

在自验收完成后，由项目单位进行验收。

（1）验收组织。

1）项目单位接到项目竣工验收申请后，应向项目施工、监理、设计等相关单位和部门发送验收通知，同时组织财务、运检、安监、信通、物资、调度等相关部门提前审查相关验收资料，做好验收准备。

2）为确保验收质量，项目单位应根据国家、行业及公司相关规定、标准、规程、反措要求以及产品技术说明书和项目实际情况，组织编制验收指导卡。

（2）现场验收。

1）验收人员须持验收指导卡进行验收，验收中发现的问题及项目施工单位消缺情况应在验收指导卡中详细记录。

2）项目施工单位应派专人全程配合验收工作，为验收人员开展工作创造条件，及时解答验收人员提出的问题。

3）项目设计单位、项目监理单位应派人全程参与，对验收中提出的相关问题给予解答。

（3）验收总结。

1）对于现场验收发现的问题，项目施工单位应于当天及时处理。对于当天无法解决的问题，项目单位应汇总各专业管理部门意见，出具整改通知单，明确整改内容、责任单位、监督复查单位及时间要求，整改后安排复检。

2）项目通过验收后，由项目单位当天出具项目竣工验收报告。

3. 新增资产清点

在进行新增资产清点时，应满足以下要求：

（1）在项目竣工验收前，项目单位组织项目施工单位编制基于固定资产目录的设备移交清册。

（2）在项目竣工验收时，项目单位组织各专业管理部门、财务部门及运维单位进行现场实物核对清点。

（二）项目竣工移交

项目竣工移交投产须满足以下条件：

（1）设备及装置无缺陷，性能指标、安装质量及施工工艺满足要求。

（2）图纸、设备技术资料、调试及检验报告、安装及验收交接记录齐全完整，符合有关规范、规定。

（3）新增资产设备移交清册与现场实物核对一致。

（4）现场满足安保、消防有关要求。

（5）电网调度、通信、监控、运行管理等措施齐全。

（6）项目竣工投产后30日内，设计单位向项目单位提交完整的竣工图纸，包括纸质图纸和电子版图纸。

（三）验收资料归档

项目竣工验收结束后，根据项目性质、规模等实际情况，保存相应验收资料，包括并不限于以下内容：

（1）设备合格证、监造报告和出厂验收报告。

（2）隐蔽性工程验收记录。

（3）主设备解体检查验收记录。

（4）安装、调试记录。

（5）抽样检查记录。

（6）项目施工、设计、监理资料。

（7）连续编号的设计变更签证资料。

（8）项目验收申请、整改通知单。

（9）项目竣工验收报告。

（10）其他相关资料。

项目单位应在生产技改项目竣工投产3个月内、生产大修项目竣工验收合格后30日内完成相关验收资料的归档。

任务挑战

1. 项目实施管理主要分为哪几个板块？其主要内容是什么？

【解析】 项目实施管理主要包括项目设计、项目施工、项目监理、项目竣工验收四大板块。四个板块共同构成项目实施管理全过程，其工作内容贯穿项目实施各个环节。如项目设计主要进行初设编制、初设审批、施工图设计与预算、设计变更及现场签证等工作。

2. 项目监理主要涉及哪些工作内容？监理过程中应避免哪些问题？

【解析】 输变电工程的建设监理主要涉及监理范围内的工程安全监理、质量控制、进度控制、造价控制、合同管理、信息管理、工程协调等工作。监理过程中，要落实职责与分工，避免监理不严、不到位等。

第六章

结算与决算管理

本章内容

结算与决算管理是电网生产性技术改造项目全流程管理的重要环节。决算包含了结算的内容，结算是决算的重要组成部分。项目竣工后，项目单位应依据合同约定，对项目前期、设计、施工、监理、咨询、技术服务、设备材料采购和工程管理等费用进行结算。结算管理主要包括阶段性结算和竣工结算，是反映工程进度的主要指标，是加速资金周转的重要环节，也是考核经济效益的重要指标，最终反映的是项目的实际造价。决算管理是正确核算新增固定资产价值，考核分析投资效果，建立健全经济责任的依据。

本章主要介绍项目结算、决算管理的概念、主要内容和要求，目的在于提高项目结算、决算的规范性、准确性。

知识脉络

- 结算与决算管理
  - 结算管理
    - ① 项目结算的概念
    - ② 项目结算的依据与流程
    - 分别对阶段性结算与竣工结算的依据与流程进行说明
  - 决算管理
    - ① 项目决算的概念
    - ② 项目决算的流程
    - ③ 项目决算的报告
    - 主要讲述项目决算编制、审核、调整、批复的整个流程，并对决算报告编制相关内容进行说明

任务思考

1. 项目结、决算的归口管理部门是什么，职责有哪些?
2. 竣工结算报告与决算报告的组成?
3. 项目结算和决算分别要求在项目竣工验收合格后，多少天内完成?

第一节　结　算　管　理

学习目标

01 明确项目结算包含的内容。

02 掌握项目结算全流程的要求。

知识讲解

一、项目结算的概念

项目结算是根据项目合同中的合同价款及涉及价款结算的相关条款开展的工程价款结算，一般包括阶段性结算和竣工决算。

（一）阶段性结算

阶段性结算是以单项工程为对象，按其施工形象进度划分为若干施工阶段，按阶段进行工程价款结算。

项目规模较大、工程费用较高且工期较长的项目，可在合同中约定支付预付款及进度款。原则上，工程预付款比例不低于合同金额的10%，不高于合同金额的30%。工程进度款可按照时间进度或工程实施进度进行支付，已支付预付款的，应先抵扣相应的预付款，进度款总额不得高于合同金额的85%。可研、设计、监理、造价咨询等技术服务合同和项目管理咨询合同一般不支付预付款和进度款。

（二）竣工结算

项目竣工结算是指承包单位按照合同规定的内容全部完成所承包的工程，经验收质量合格，并符合合同要求之后，发承包双方根据现场施工记录、设计变更通知书、现场签证、定额预算单价等资料，进行合同价款的增加或调整计算的过程，竣工结算书有承包单位编制。

二、项目结算的要求

（一）阶段性结算的要求

1. 阶段性结算的依据

阶段性结算的依据包括其工作内容（进度）与合同约定（履约），如图 6-1 所示。

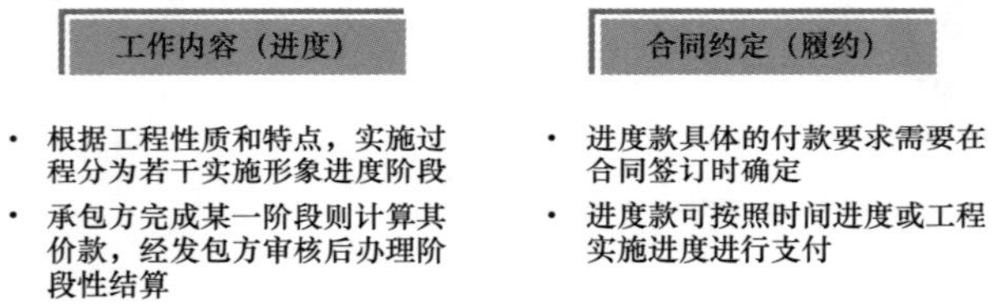

图 6-1　阶段性结算的主要依据

关于阶段性结算进度款的合同约定，例如：第一期进度款，合同生效，在甲方收到乙方开具的金额为合同价格 30%（百分之三十）的增值税专用发票，经审核无误后，甲方向乙方支付合同价格 30%（百分之三十）；第二期进度款，乙方按合同正常履约满 70%服务工程量，甲方在收到乙方开具的金额为合同价格 40%（百分之四十）的增值税专用发票，经审核无误，甲方向乙方支付合同价格 40%（百分之四十）。

2. 阶段性结算的流程

阶段性结算流程包括结算申请、结算审核（包括审价）、结算支付三个阶段，如图 6-2 所示。

（二）竣工结算的要求

1. 竣工结算的依据

竣工结算的依据包括其工作内容（进度）与合同约定（履约），如图 6-3 所示。

2. 竣工结算的流程

竣工结算流程也包括三个阶段，具体如下：

（1）结算申请。项目竣工验收投运后 15 日内，项目可研、设计、施工、监理等单位编制相应的项目竣工结算申请书并提交项目单位。施工单位应同步提交甲供物资领用清单，物资管理部门将物资结算资料提交项目单位。其中施工结算文件应包含施工方申请结算的全部费用及相关依据，对于结算资料不齐全的项目不予结算。

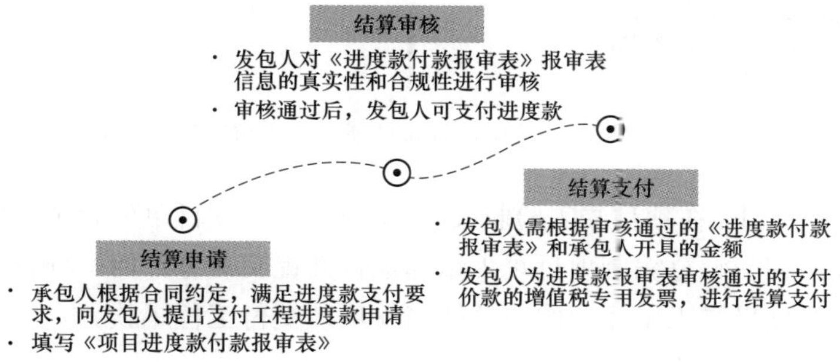

图 6-2 阶段性结算流程

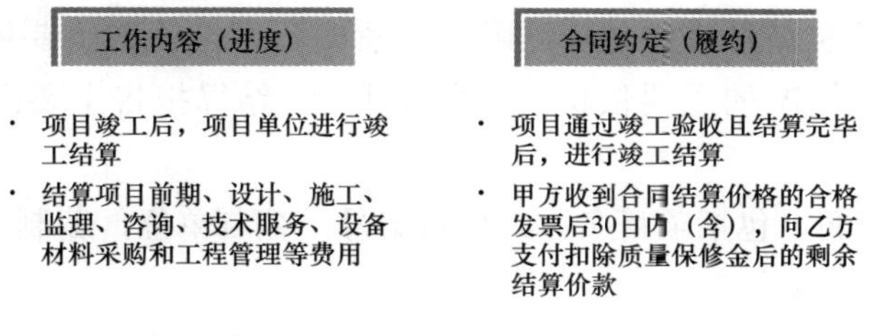

图 6-3 竣工结算的主要依据

（2）结算审核。项目结算应严格按照合同价款约定进行计算、审核，合同价款约定应满足电网生产技术改造和设备大修项目合同价款管理指导手册的要求。在项目竣工验收投运后 45 日内，项目单位按照合同约定，根据竣工验收报告和竣工图纸等资料，自行或者委托第三方对项目前期、设计、施工、监理、咨询、物资采购和工程管理等费用进行审核。项目因方案重大变化超出概算，重新履行项目可研（初设）审批手续后方可竣工结算。经审批的设计变更（签证）涉及的相关费用也可纳入竣工结算。

竣工结算审核所需的各种过程文件和成果资料应完整、规范，其内容必须真实、准确，与项目实际相符，包括但不限于如图 6-4 所示的文件资料。

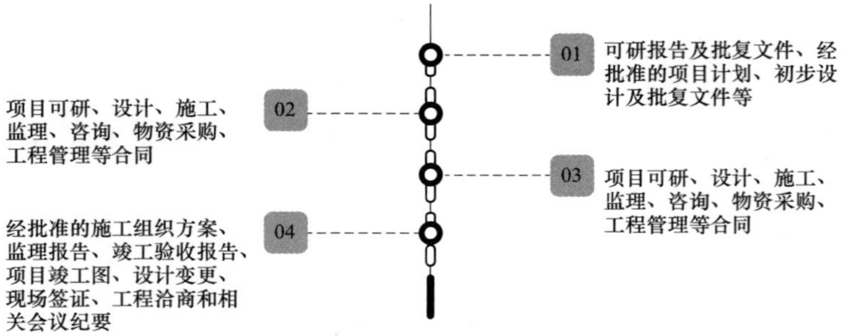

图 6-4　竣工结算审核所需文件资料

（3）结算支付。在项目竣工验收投运后 60 日内，项目单位确定各项费用的最终结算金额，相应汇总编制项目竣工结算报告并提交财务部门。项目单位财务部门根据审定的项目竣工结算金额清理往来款项，支付工程尾款。

（三）竣工结算报告

1. 报告组成

竣工结算报告是综合反映技术改造工程的建设实践、投资情况、建设成果和财务状况的总结性文件，是正确核定新增资产价值的主要依据，也是考核工程概预算执行情况的重要依据。技改项目竣工结算报告主要由以下几个部分组成：

（1）报告封面，包括项目名称，项目编号，编制单位，编制人、审核人和批准人姓名，编制日期等。

（2）项目概况表（包括项目相关信息、工程概况及主要施工内容、工程进度及主要经济指标等）。

（3）施工结算明细表。

（4）设备购置费用明细表（甲供材料明细表）。

（5）其他费用结算明细表。

（6）合同价款调整汇总表。

（7）其他说明文件。

2. 填写要求

根据技改项目规模和性质可单独或批量编制竣工结算报告，其中限上项目和单项投资总额在 200 万元及以上的限下项目应逐项单独编制竣工结算报告；其他项目可简化竣工结算报告内容，并按项目单位批量编制竣工结算报告。

知识锦囊

知识点：竣工结算报告组成

竣工结算报告主要包括报告封面、项目概况表、施工结算明细表、设备购置费用明细表、其他费用结算明细表、合同价款调整汇总表以及其他相关结算表格和资料。

在进行项目结算的过程中，一定要保证以上资料准确性与完整性。

第二节　决　算　管　理

学习目标

01 明确项目决算包含的内容。

02 掌握项目决算全流程的要求。

知识讲解

一、项目决算的概念

项目决算是指在项目竣工结算完成后，项目单位应按照公司资产管理相关要求，将项目竣工结算报告、竣工验收报告、设备移交清册等决算资料提交财务部门办理项目决算手续。

决算以结算为基础，竣工决算综合反映项目的建设时间、投资情况、工程概（预）算执行情况、建设成果和财务状况的总结财务经济文件，是正确核定新增资产价值、考核工程概（预）算执行情况的重要依据。竣工决算原则上遵循“一个概算内的工程项目，编制一个工程竣工决算报告”。

二、项目决算的流程

（一）编制

1. 资料整理

项目单位提交基础资料至财务部门以供编制决算报告。需提交的基础资料包括如图 6-5 所示的内容。

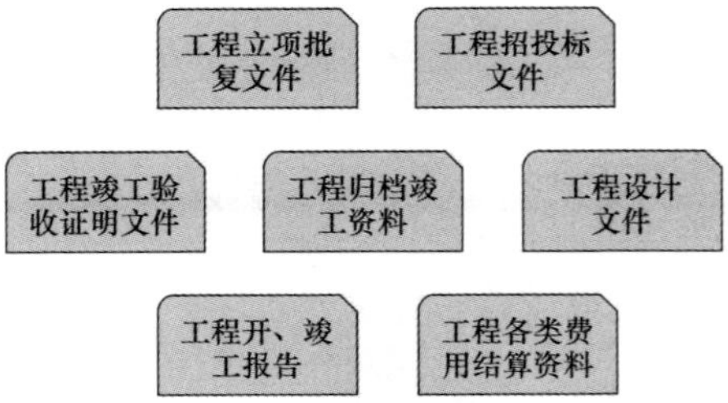

图 6-5　编制项目决算报告需提交的资料

工程立项批复文件；工程招投标文件；工程设计文件；工程开、竣工报告；工程竣工验收证明文件；工程归档竣工资料；工程各类费用结算资料、其他决算需要的资料。

2. 决算报告

竣工决算的成果文件是竣工决算报告。根据技改项目规模和性质可单独或批量编制竣工决算报告，其中限上项目和单项投资总额在 200 万元及以上的限下项目应逐项单独编制竣工决算报告；其他项目可简化竣工决算报告内容，并按项目单位批量编制竣工决算报告。项目竣工验收投运后 3 个月内，项目单位财务部门组织完成项目竣工决算报告的编制工作。

（二）审核

项目竣工决算报告编制完成 1 个月内，项目竣工决算报告应经项目单位内部审计机构或中介机构进行审计，并出具审计意见。

（三）调整

竣工决算编制单位根据审计报告调整竣工决算，在审计报告出具后 15 日内，完成对竣工决算报告的全面修改，并以正式文件上报。

（四）批复

上级单位对上报的竣工决算进行复核，并在收到竣工决算审批申请之日起 1 个月内下达决算批复。项目单位根据决算批复，在 1 个月内完成相关账务调整工作，并办理转资手续。

三、项目决算的报告

（一）竣工决算报告

项目竣工决算报告是正确登记固定资产卡片的依据，必须准确分析、分摊应计入资产价值的其他费用支出，并执行公司固定资产管理有关规定。

（二）竣工决算报告编制依据

竣工决算报告编制依据包括如图 6-6 所示的内容。

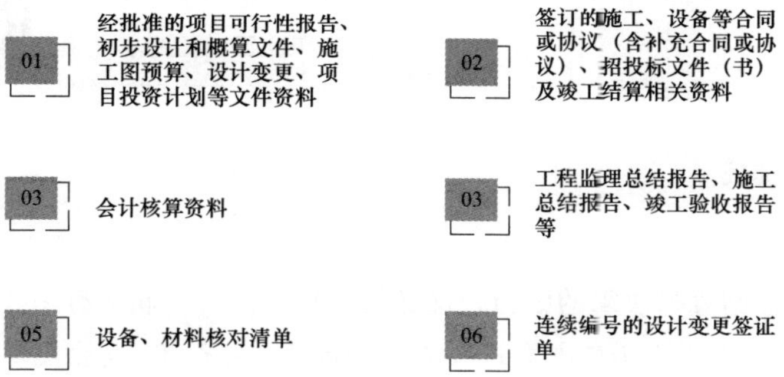

图 6-6　竣工决算报告编制依据

（三）竣工决算报告的组成

竣工决算报告主要包括以下组成部分：

（1）报告封面，包括项目名称、编制单位、编制日期、单位负责人、财务负责人、工程负责人以及编制人员姓名。

（2）报告目录。

（3）核准文件、批复的项目可研和初设概算文件、竣工验收报告等。

（4）竣工项目全景或主体工程实物彩照。

（5）竣工决算报告说明书：竣工决算报告说明书主要包括工程概况、项目总体评价、各项财务和技术经济指标分析、预留未完工程的说明、结余物资及废旧物资清理退库情况、竣工决算报告编制依据、审计意见处理情况及其他需要说明的事项。

（6）项目竣工决算表。

（7）审计报告及其他重要文件。

知识锦囊

知识点：竣工决算报告说明书的主要内容组成

竣工决算报告说明书主要包括工程概况、项目总体评价、各项财务和技术经济指标分析、预留未完工程的说明、结余物资及废旧物资清理退库情况、竣工决算报告编制依据、审计意见处理情况及其他需要说明的事项。

知识点：项目竣工决算的归口管理部门

各单位所属单位财务部门是本单位竣工决算的归口管理部门，组织本单位项目竣工决算，配合开展受托运维资产竣工决算工作。

任务挑战

1. 项目结算与决算的归口管理部门是什么部门？职责有哪些？

【解析】项目结算与决算的归口管理部门为财务部。其主要职责包括组织协调公司总部资产项目竣工决算工作；按管理权限履行竣工决算报告审核审批手续；指导、监督和考核公司竣工决算管理工作等。

2. 项目竣工结算报告与竣工决算报告组成部分分别有哪些？

【解析】竣工结算报告与决算报告均为综合反映技术改造工程的建设实践、投资情况、建设成果和财务状况的文件，但其文件组成差异较大。其中，竣工结算报告主要由报告封面、项目概况表、施工结算明细表、设备购置费用明细表、合同价款调整汇总表等组成。

附　　录

本部分主要展示了生产技改管理项目在各阶段涉及的资料。

附录 1

项目可行性研究报告模板

扫码下载项目
可行性研究报告

附录2

××公司生产技改项目合同清册

项目名称			项目编码	
序号	合同名称	履约单位	合同编号（甲方）	合同金额（元）
1				
2				
3				
4				
5				
6				
合计				

编制：　　　　　　　　　　　　　　　　审核：

注：本表单一式二份，结算时交财务一份；由项目单位编制，编制人、审核人分别签署，并加盖单位（部门）公章。

附录 3

××公司生产技改项目施工图审查（交底）记录

<table>
<tr><td>项目名称</td><td colspan="5"></td></tr>
<tr><td>项目编码</td><td></td><td>项目地点</td><td></td><td>专业类别</td><td></td></tr>
<tr><td>计　划
施工日期</td><td colspan="2">年　月　日至　　年　月　日</td><td>计划
工期</td><td colspan="2"></td></tr>
<tr><td>交底
范围</td><td colspan="5"></td></tr>
<tr><td>主要
意见</td><td colspan="5"></td></tr>
<tr><td>其他
事项</td><td colspan="5"></td></tr>
<tr><td colspan="6">上述内容设计单位及发包方与承包方进行交底、讨论，提出补充修改意见，并经各方确认。</td></tr>
<tr><td colspan="2">业主及相关部门（单位）参会人员：

项目主管：</td><td>监理单位参会人员：

监理工程师：</td><td>施工单位参会人员：

项目经理：</td><td colspan="2">设计单位参会人员：

主设：</td></tr>
</table>

审查（交底）日期：　　　　　　　　　　　　　　　　年　月　日

注：本表单由项目主管分专业填写，参会人员需签署或附会议签到表，电子版分发相关单位。

附录4

××公司生产技改项目竣工报告

<table>
<tr><td colspan="2">项目名称</td><td colspan="3"></td></tr>
<tr><td colspan="2">专业</td><td></td><td>项目地点</td><td></td></tr>
<tr><td colspan="2">实际开工日期</td><td></td><td>计划竣工日期</td><td></td></tr>
<tr><td colspan="2">实际竣工日期</td><td></td><td>工期提前
（滞后）天数</td><td></td></tr>
<tr><td>主要
工程
量及
简要
内容</td><td colspan="4"></td></tr>
<tr><td>备注</td><td colspan="4"></td></tr>
<tr><td colspan="5">本项目于　　年　月　日正式竣工，特此报告。</td></tr>
<tr><td colspan="2">项目管理单位（公章）：

项目主管：
日期：　　年　月　日</td><td colspan="2">监理单位：（公章）

总监理工程师：
日期：　　年　月　日</td><td>施工单位：（公章）

项目经理：
日期：　　年　月　日</td></tr>
</table>

注：本表单由施工单位填写，并经监理审核，于验收合格后一周内提交项目管理单位。

附录 5

××公司生产技改项目设备拆除计划表

项目名称			设备专业分类		
资产编码	设备名称	型号规格	单位	数量	备注
…					

施工单位（公章）： 编制人： 日期：　　年　月　日	实物使用保管部门（公章）： 审核人： 日期：　　年　月　日	实物管理部门（公章）： 批准人： 日期：　　年　月　日	1．本表在初设或施工方案阶段由项目单位编制，不同专业、不同保管、管理部门分别列表填写； 2．专业分类：一次（变电、输电）、二次（主站/厂站继电保护、自动化）、通信； 3．使用保管部门：变电运维室（变电设备、厂站保护、自动化）、输电运检室（输电设备）、调控中心（主站保护、自动化）、信通分公司（通信）； 4．实物管理部门：运检部（一次设备）、调控中心（二次设备）、信通分公司（通信）。

附录 6

××公司生产技改项目开工报告

<table>
<tr><td colspan="2">项目名称</td><td colspan="3"></td></tr>
<tr><td colspan="2">专业</td><td></td><td>项目地点</td><td></td></tr>
<tr><td colspan="2">计划开工日期</td><td></td><td>实际开工日期</td><td></td></tr>
<tr><td colspan="2">计划竣工日期</td><td></td><td>计划工期
（有效天数）</td><td></td></tr>
<tr><td>主要工程量及简要内容</td><td colspan="4"></td></tr>
<tr><td>施工准备情况</td><td colspan="4">项目管理实施规划（施工组织设计）已审批；
施工图会检已进行；
各项施工管理制度和相应的作业指导书已制定并审查合格；
施工安全管理及风险控制方案满足要求；
施工技术交底已进行；施工人力和机械已进场，施工组织已落实到位；
物资、材料准备能满足连续施工的需要；
计量器具、仪表经法定单位检验合格；
特殊工种作业人员能满足施工需要。</td></tr>
<tr><td>备注</td><td colspan="4"></td></tr>
<tr><td colspan="5">本项目于　　年　月　日正式开工，特此报告。</td></tr>
<tr><td colspan="2">项目管理单位（公章）：

项目主管：
日期：　　年　月　日</td><td>监理单位（公章）：

总监理工程师：
日期：　　年　月　日</td><td colspan="2">施工单位（公章）：

项目经理：
日期：　　年　月　日</td></tr>
</table>

附录 7

××公司生产技改项目设备合格证（出厂报告）汇总表

项目名称						
序号	产品名称	产品型号	数量	生产厂商	生产日期	备注
1						
2						
3						
4						
5						
6						
7						
8						
9						
10						
11						
12						
13						
14						
15						
…						

项目主管部门/单位（公章）：	监理单位（公章）：	施工单位（公章）：
项目负责人： 日期：　　　年　月　日	监理负责人： 日期：　　　年　月　日	施工负责人： 日期：　　　年　月　日

注：本表单由施工单位填写，并经监理审核，连同设备合格证或出厂报告原件（或影印件），于验收前移交项目管理单位。

附录 8

××公司生产技改项目设计变更联系单

<table>
<tr><td>项目名称</td><td></td></tr>
<tr><td colspan="2">致（设计单位）：
由于原因，兹提出等设计变更建议，请予以审核。

附件：变更方案等相关附件（A4 纸，5 号宋体）

经办人（签字）：
部门领导（签字）：
提出单位（盖章）：
日期：　　年　月　日</td></tr>
</table>

注：1. 编号由监理单位统一编制，作为设计变更联系单的唯一通用表单。

2. 本表用于施工、项目单位或专业（项目）管理单位向设计单位提出的设计变更，作为设计变更审批单的附件。

3. 本表一式六份（施工、设计、监理、项目管理单位各一份，专业（项目）管理部门存档一份）。

附录 9

××公司生产技改项目设计变更审批单

<table>
<tr><td>项目名称</td><td colspan="2"></td></tr>
<tr><td colspan="3">致（监理单位）：
变更事由：

变更费用：　　元
附件：1．设计变更建议或方案。
2．设计变更费用计算书。
3．设计变更联系单（如有）。
设总：（签字）
设计单位：（盖章）
日期：　　年　月　日</td></tr>
<tr><td colspan="2">监理单位意见：

专业监理工程师：
总监理工程师：（签字并盖章）
日期：　　年　月　日</td><td>施工单位意见：

项目经理：（签字并盖章）
日期：　　年　月　日</td></tr>
<tr><td colspan="2">项目管理单位审核意见：

项目主管：（签字）
部门领导：（签字并盖章）
日期：　　年　月　日</td><td>专业管理部门审批意见：

专业主管：（签字）
部门领导：（签字并盖章）
日期：　　年　月　日</td></tr>
<tr><td>重大设计变更审批栏</td><td>项目管理单位审批意见：

项目主管：（签字）
部门领导：（签字并盖章）
单位分管领导：（签字）
日期：　　年　月　日</td><td>注：
1．编号由监理单位统一编制，作为审批设计变更的唯一通用表单。
2．增减额度超过 30 万元的重大变更，须经单位分管领导签署。
3．本表一式六份（施工、设计、监理、项目管理单位各一份，专业（项目）管理部门存档一份）。</td></tr>
</table>

附录 10

××公司生产技改项目现场签证审批单

<table>
<tr><td colspan="2">项目名称</td><td></td></tr>
<tr><td colspan="3">致（监理项目部）：
签证事由：
签证费用：
附件：1．现场签证方案。
2．签证费用计算书（如无，则视为不发生费用，结算时不得另行计算）。
……

项目经理：（签字）
施工单位：（盖章）
日期：　　年　月　日</td></tr>
<tr><td colspan="2">监理单位意见：

专业监理工程师：
总监理工程师：（签字并盖章）
日期：　　年　月　日</td><td>设计单位意见：

设总：（签字并盖章）
日期：　　年　月　日</td></tr>
<tr><td colspan="2">项目管理单位审核意见：

项目主管：（签字）
部门领导：（签字并盖章）
日期：　　年　月　日</td><td>专业管理部门审批意见：

专业主管：（签字）
部门领导：（签字并盖章）
日期：　　年　月　日</td></tr>
<tr><td>重大签证审批栏</td><td>项目管理单位审批意见：

项目主管：（签字）
部门领导：（签字并盖章）
单位分管领导：（签字）
日期：　　年　月　日</td><td>注：
1．编号由监理单位统一编制，作为审批现场签证的唯一通用表单。
2．增减额度超过 20 万元的重大签证，须经单位分管领导签署。
3．本表一式六份（施工、设计、监理、项目管理单位各一份，专业（项目）管理部门存档一份）。</td></tr>
</table>

附录 11

××公司生产技改项目变更与签证单汇总表

项目名称				
序号	设计变更与现场签证项目	审批单编号	批准日期	金额（元）
1				
2				
3				
4				
5				
6				
7				
8				
9				
10				
11				
12				
13				
14				
15				
金额合计				

项目经理：　　　　　　　　　　技经：　　　　　　　　　　施工单位（盖章）：

注：1．本表一式四份（施工、监理、项目单位各一份，项目管理单位存档一份）。

2．本表在项目竣工结算时进行最终汇总统计，并连同竣工结算书提交。

附录 12

××公司生产技术改造项目竣工验收报告

<table>
<tr><td>项目名称</td><td colspan="3"></td></tr>
<tr><td>批准文号</td><td></td><td>竣工日期</td><td></td></tr>
<tr><td>工程概况</td><td colspan="3"></td></tr>
<tr><td>施工中存在问题及处理情况</td><td colspan="3"></td></tr>
<tr><td>监理单位发现问题及整改情况</td><td colspan="3"></td></tr>
<tr><td>设计变更及有关反措落实情况</td><td colspan="3"></td></tr>
<tr><td>竣工验收发现的问题
及处理情况</td><td colspan="3"></td></tr>
<tr><td>工程遗留问题及处理意见</td><td colspan="3"></td></tr>
<tr><td>是否具备投产条件</td><td colspan="3"></td></tr>
<tr><td colspan="4">验收人员签字</td></tr>
<tr><td>施工单位</td><td colspan="3"></td></tr>
<tr><td>设计单位</td><td colspan="3"></td></tr>
<tr><td>监理单位</td><td colspan="3"></td></tr>
<tr><td>运维单位</td><td colspan="3"></td></tr>
<tr><td>项目实施单位</td><td colspan="3"></td></tr>
<tr><td>相关管理部门</td><td colspan="3"></td></tr>
<tr><td>专业管理部门</td><td colspan="3"></td></tr>
</table>

注：本表单由项目单位填写并流转，相关部门专业专责签署意见并签字。内容较多可附页填写。

附录 13

××公司生产技改项目竣工验收申请表

<table>
<tr><td>项目名称</td><td></td></tr>
<tr><td>工程概况</td><td></td></tr>
<tr><td>各级验收发现的问题及处理情况</td><td></td></tr>
<tr><td>工程遗留问题及处理意见</td><td></td></tr>
<tr><td rowspan="2">是否具备竣工验收条件</td><td>本工程安装、调试完毕，已经具备竣工验收条件，特申请验收。

项目施工负责人：　（签字）
项目施工单位：　（盖章）
年　月　日</td></tr>
<tr><td>项目监理负责人：　（签字）
项目监理单位：　（盖章）
年　月　日</td></tr>
</table>

注：本表单由施工单位填写，并经监理审核，于竣工验收前提交项目管理单位。

附录 14

××公司生产技术改造项目竣工验收记录

项目名称				
序号	需整改内容	责任单位	监督复查单位	治理期限
1				
2				
…				

项目施工负责人：（签字）　　　　　　　　　　　　相关验收人员：（签字）

注：本表单由验收负责人专业汇总填写，并经监理逐项验证，相关负责人签字，验收合格后 3 日内交项目主管。

附录 15

××公司生产技改项目竣工投产通知书

<table>
<tr><td>项目名称</td><td colspan="3"></td><td>项目编码</td><td></td><td>地址</td><td></td></tr>
<tr><td>可研批准文号</td><td></td><td>批复估算</td><td>万元</td><td>投运日期</td><td colspan="3">年 月 日</td></tr>
<tr><td>初设批准文号</td><td></td><td>批准概算</td><td>万元</td><td>项目进度</td><td>计划</td><td colspan="2">实际</td></tr>
<tr><td>施工单位</td><td colspan="3"></td><td>开工日期</td><td>年 月 日</td><td colspan="2">年 月 日</td></tr>
<tr><td>监理单位</td><td colspan="3"></td><td>竣工日期</td><td>年 月 日</td><td colspan="2">年 月 日</td></tr>
<tr><td>设计单位</td><td colspan="3"></td><td>项目投资</td><td>概算投资（元）</td><td colspan="2">实际投资（元）</td></tr>
<tr><td rowspan="5">项目概况</td><td colspan="3" rowspan="5"></td><td>建筑工程费</td><td></td><td colspan="2"></td></tr>
<tr><td>安装工程费</td><td></td><td colspan="2"></td></tr>
<tr><td>设备费</td><td></td><td colspan="2"></td></tr>
<tr><td>其他费</td><td></td><td colspan="2"></td></tr>
<tr><td>合 计</td><td></td><td colspan="2"></td></tr>
<tr><td>部门意见</td><td colspan="3">项目主管部门（公章）：
复核：
年 月 日</td><td colspan="4">项目管理单位（公章）：
审核： 编制：
年 月 日</td></tr>
</table>

注：1．本表单由项目管理单位编制，项目主管部门复核后提交财务部门。

2．投运当月在 ERP 系统中维护投产信息。

3．表中投资金额全部按含税填列。

附录 16

××公司生产技改项目设备安装调试报告汇总表

<table>
<tr><td>项目名称</td><td colspan="5"></td></tr>
<tr><td>序号</td><td>设备名称</td><td>报告名称</td><td>设备数量</td><td>调试日期</td><td>备注</td></tr>
<tr><td>1</td><td></td><td></td><td></td><td></td><td></td></tr>
<tr><td>2</td><td></td><td></td><td></td><td></td><td></td></tr>
<tr><td>3</td><td></td><td></td><td></td><td></td><td></td></tr>
<tr><td>4</td><td></td><td></td><td></td><td></td><td></td></tr>
<tr><td>5</td><td></td><td></td><td></td><td></td><td></td></tr>
<tr><td>6</td><td></td><td></td><td></td><td></td><td></td></tr>
<tr><td>7</td><td></td><td></td><td></td><td></td><td></td></tr>
<tr><td>8</td><td></td><td></td><td></td><td></td><td></td></tr>
<tr><td>9</td><td></td><td></td><td></td><td></td><td></td></tr>
<tr><td>10</td><td></td><td></td><td></td><td></td><td></td></tr>
<tr><td>11</td><td></td><td></td><td></td><td></td><td></td></tr>
<tr><td>12</td><td></td><td></td><td></td><td></td><td></td></tr>
<tr><td>13</td><td></td><td></td><td></td><td></td><td></td></tr>
<tr><td>…</td><td></td><td></td><td></td><td></td><td></td></tr>
<tr><td colspan="2">项目管理单位（公章）：

项目负责人：
日期：　　年　月　日</td><td colspan="2">监理单位（公章）：

监理负责人：
日期：　　年　月　日</td><td colspan="2">施工单位（公章）：

施工负责人：
日期：　　年　月　日</td></tr>
</table>

注：本表单由施工单位填写，并经监理审核，于结算时连同调试报告提交项目管理单位，并作为结算审核依据。

附录 17

浙江省电力公司固定资产报废（损）鉴定、审批表

申请单位：　　　　年　月　日　　　　单位：元　　　　编号：

<table>
<tr><td>资产编码</td><td>固定资产名称</td><td>规格型号</td><td>制造厂商</td><td>铭牌号</td><td>计量单位</td><td>数量</td><td>启用日期</td><td>预计使用年限</td></tr>
<tr><td></td><td>详见明细表</td><td></td><td></td><td></td><td></td><td></td><td></td><td></td></tr>
<tr><td>资产坐落点</td><td>资产原值</td><td>已提折旧</td><td>已提减值准备</td><td colspan="2">资产净值</td><td>预计收回残值</td><td colspan="2">保险公司或责任人赔偿</td></tr>
<tr><td></td><td></td><td></td><td></td><td colspan="2"></td><td></td><td colspan="2"></td></tr>
<tr><td colspan="9">报废原因：</td></tr>
<tr><td colspan="9">鉴定意见：

鉴定小组成员签字：　　　　鉴定部门（公章）：</td></tr>
</table>

<table>
<tr><td colspan="2">浙江省电力公司审批情况</td><td colspan="5">本单位申报情况</td></tr>
<tr><td>财务部门意见（公章）：

负责人：
经办人：
年　月　日</td><td>实物管理部门意见（公章）：

负责人：
审核人：
年　月　日</td><td>单位领导意见（公章）：

负责人：
经办人：
年　月　日</td><td>财务部门意见（公章）：

负责人：
经办人：
年　月　日</td><td>物资部门意见（公章）：

负责人：
经办人：
年　月　日</td><td>实物管理部门意见（公章）：

负责人：
经办人：
年　月　日</td><td>使用保管单位（部门）意见（公章）：

负责人：
经办人：
年　月　日</td></tr>
</table>

附：

报废固定资产明细表

固定资产编码	资产名称	规格型号	电压等级	投运时间	预计使用年限	数量	原值	已提折旧	净值	备注
合计										

注：本表单由资产实物使用保管部门按照实物资产管理部门分别填写，并发起流转。作为固定资产报废（损）鉴定、审批表的附件，对应使用。实物管理部门分别有信通分公司（信息通信设备）、调控中心（二次设备）、一次设备（运维检修部）。

附录 18

××公司生产技改项目废旧物资回收表

项目名称		项目编码	
施工单位		设备专业类别	

序号	资产编码	物资名称	规格型号	计量单位	应收数量	实收数量	固定资产	废/旧
1								
2								
3								
4								
5								
6								
7								
8								
9								
10								
11								
12								
13								
14								
15								
…								
备注								

施工单位（公章）： 经办人： 日期：　　年　月　日	资产实物使用保管部门（公章）： 审核人： 日期：　　年　月　日	资产实物管理部门（公章）： 审批人： 日期：　　年　月　日	物资部门（公章）： 验收人： 日期：　　年　月　日

注：1．本表一式四份，由项目单位在移交拆旧物资时填报、流转，由物资部门反馈所涉单位（部门）。

2．不同项目、不同资产属性、不同资产使用保管、管理部门分别填写。

3．本表应收数由资产实物使用保管部门核定，实收数由物资部门填写，废/旧类别根据鉴定审批意见由项目单位填写。

4．本表移交归档时，应同时附上物资部门提供的“废旧物资交接单”。

5．项目结算工程量应以本表实收数为准。

附录 19

××公司生产技改项目勘察设计费结算审核表

<table>
<tr><td colspan="2">项目名称</td><td colspan="3"></td><td>项目
编码</td><td colspan="2"></td></tr>
<tr><td colspan="2">项目单位</td><td colspan="2"></td><td>设计
单位</td><td colspan="3"></td></tr>
<tr><td>序号</td><td>单项费用</td><td>概算金额
（元）</td><td>合同金额
（元）</td><td>送审金额
（元）</td><td>初审金额
（元）</td><td>复审金额
（元）</td><td>核（增）减
（元）</td></tr>
<tr><td>1</td><td></td><td></td><td></td><td></td><td></td><td></td><td></td></tr>
<tr><td>2</td><td></td><td></td><td></td><td></td><td></td><td></td><td></td></tr>
<tr><td>3</td><td></td><td></td><td></td><td></td><td></td><td></td><td></td></tr>
<tr><td colspan="2">合　计</td><td></td><td></td><td></td><td></td><td></td><td></td></tr>
<tr><td colspan="2">审定金额
（大写）</td><td colspan="3">元整</td><td>净核（增）
减额（大写）</td><td colspan="2">元整</td></tr>
<tr><td colspan="2">有关说明</td><td colspan="6"></td></tr>
<tr><td colspan="2">相关附件</td><td colspan="6"></td></tr>
<tr><td colspan="3">项目管理部门审核意见（公章）：

经办人：
日期：　　年　月　日</td><td colspan="2">项目管理单位审核意见（公章）：

经办人：
日期：　　年　月　日</td><td colspan="3">设计单位（公章）：

经办人（签字）：
审核人（签字）：
日期：　　年　月　日</td></tr>
</table>

注：本表单一式三份，由设计单位填写，提交项目管理单位初审并出具意见，项目管理部门复核后，办理开票、报账手续。

附录 20

××公司生产技改项目监理资料清册

项目名称			
序号	资料名称	份数	备注
1	总监任命文件、人员组织		
2	监理规划及实施细则		
3	施工图监理预检记录表		
4	策划文件交底记录		
5	旁站记录		
6	强制性条文执行检查表		
7	工程联系单/监理通知单		
8	学习记录或会议纪要		
9	检查记录表		
10	建立日记及工程月报		
11	监理初检缺陷整改记录表		
12	监理初检报告		
13	工程质量评估报告		
14	工程总结报告		
…			

移交人（签名）： 移交单位（公章）： 年　月　日	接收人（签名）： 接收单位（公章）： 年　月　日

注：1．本表单由监理单位依照实际移交的资料填报（一式两份），于竣工后 15 日内或于结算资料初审后一并提交项目单位（签收后返回一份）。

2．资料缺项时不删除表行，未列示内容可在表后按顺序增加。

附录21

××公司生产技改项目监理费结算审核表

<table>
<tr><td colspan="2">项目名称</td><td colspan="3"></td><td>项目编码</td><td colspan="2"></td></tr>
<tr><td colspan="2">项目单位</td><td colspan="2"></td><td>监理单位</td><td colspan="3"></td></tr>
<tr><td>序号</td><td>单项费用</td><td>概算金额（元）</td><td>合同金额（元）</td><td>送审金额（元）</td><td>初审金额（元）</td><td>复审金额（元）</td><td>核（增）减（元）</td></tr>
<tr><td>1</td><td></td><td></td><td></td><td></td><td></td><td></td><td></td></tr>
<tr><td>2</td><td></td><td></td><td></td><td></td><td></td><td></td><td></td></tr>
<tr><td>3</td><td></td><td></td><td></td><td></td><td></td><td></td><td></td></tr>
<tr><td colspan="2">合　计</td><td></td><td></td><td></td><td></td><td></td><td></td></tr>
<tr><td colspan="2">审定金额（大写）</td><td colspan="2">元整</td><td>净核（增）减额（大写）</td><td colspan="3">元整</td></tr>
<tr><td colspan="2">有关说明</td><td colspan="6"></td></tr>
<tr><td colspan="2">相关附件</td><td colspan="6"></td></tr>
<tr><td colspan="3">项目管理部门审核意见（公章）：

经办人（签字）：
日期：　　年　月　日</td><td colspan="3">项目管理单位审核意见（公章）：

经办人（签字）：
日期：　　年　月　日</td><td colspan="2">监理单位（公章）：

经办人（签字）：
审核人（签字）：
日期：　　年　月　日</td></tr>
</table>

注：本表单一式三份，由监理单位填写，提交项目管理单位初审并出具意见，项目管理部门复核后，办理开票、报账手续。

附录 22

××公司生产技改项目固定资产明细表

<table>
<tr><td>项目名称</td><td colspan="6"></td><td>项目编码</td><td colspan="2"></td><td colspan="2">资产申请编号</td><td></td></tr>
<tr><td>资产序号</td><td>资产名称（调度命名）</td><td>国网编码</td><td>规格或型号</td><td>数量</td><td>单位</td><td>资产编号</td><td>SAPID</td><td>坐落地点或起止地点</td><td>资产归属</td><td>电压等级（kV）</td><td>制造厂商</td><td>资产原值（不含税）（元）</td></tr>
<tr><td>1</td><td></td><td></td><td></td><td></td><td></td><td></td><td></td><td></td><td></td><td></td><td></td><td></td></tr>
<tr><td>2</td><td></td><td></td><td></td><td></td><td></td><td></td><td></td><td></td><td></td><td></td><td></td><td></td></tr>
<tr><td>3</td><td></td><td></td><td></td><td></td><td></td><td></td><td></td><td></td><td></td><td></td><td></td><td></td></tr>
<tr><td>4</td><td></td><td></td><td></td><td></td><td></td><td></td><td></td><td></td><td></td><td></td><td></td><td></td></tr>
<tr><td>5</td><td></td><td></td><td></td><td></td><td></td><td></td><td></td><td></td><td></td><td></td><td></td><td></td></tr>
<tr><td>6</td><td></td><td></td><td></td><td></td><td></td><td></td><td></td><td></td><td></td><td></td><td></td><td></td></tr>
<tr><td>7</td><td></td><td></td><td></td><td></td><td></td><td></td><td></td><td></td><td></td><td></td><td></td><td></td></tr>
<tr><td>8</td><td></td><td></td><td></td><td></td><td></td><td></td><td></td><td></td><td></td><td></td><td></td><td></td></tr>
<tr><td>9</td><td></td><td></td><td></td><td></td><td></td><td></td><td></td><td></td><td></td><td></td><td></td><td></td></tr>
<tr><td>10</td><td></td><td></td><td></td><td></td><td></td><td></td><td></td><td></td><td></td><td></td><td></td><td></td></tr>
<tr><td>11</td><td></td><td></td><td></td><td></td><td></td><td></td><td></td><td></td><td></td><td></td><td></td><td></td></tr>
<tr><td>12</td><td></td><td></td><td></td><td></td><td></td><td></td><td></td><td></td><td></td><td></td><td></td><td></td></tr>
</table>

资产管理部门（公章）：　　　　使用保管部门（公章）：　　　　项目管理单位（公章）：

注：本表单由项目管理单位根据现场与 SAP 系统导出数据填报，使用保管部门提交资产申请后，补充资产信息，提交资产管理部门审核。

附录 23

××公司生产技改项目甲供物资接收汇总表

项目名称							地点		
序号	物资名称	型号规格	单位	接收数量	接收日期	发货人	接收人	厂家发货单编号	备注
1									
2									
3									
4									
5									
6									
7									
8									
9									
10									
…									

施工单位经办：　　　　　　　　监理单位校核：　　　　　　　　项目管理单位审核：

注：本表单由施工单位根据甲供物资实际到货情况填写，并保留厂家原始发货单据作为附件，可以一个批次填一张单，于结算时移交项目管理单位审核。

附录 24

××公司生产技改项目甲供物资退库确认表

项目名称								地点		
序号	物资名称	型号规格	单位	设计用量	到货数量	实际用量	退库数量	是否再利用	物资接收人	备注
1										
2										
3										
4										
5										
6										
7										
8										
9										
10										
…										

施工单位经办：　　　　监理单位经办：　　　　项目管理单位审核：　　　　物资部门验收：

注：本表单由施工单位根据甲供物资实际使用情况填写，包括设计与实际用量、到货与退库数量，于结算时移交项目管理单位。

附录 25

××公司生产技改项目乙供物资使用情况表

项目名称					地点		
序号	物资名称	型号规格	单位	设计用量	合同数量	实际用量	备注
1							
2							
3							
4							
5							
6							
7							
8							
9							
10							
…							

施工单位经办：　　　　　　　监理单位经办：　　　　　　　项目管理单位审核：

注：本表单由施工单位根据乙供材料实际使用情况填写，包括设计与实际用量、合同数量，于结算时移交项目管理单位。

附录 26

项目全过程资料检查

项目名称：

序号	名称	检 查 要 点	检查记录	评价
1	项目可研报告/项目建议书（收口），含估算书	是否有出版纸质版，是否符合模板、内容齐全；封面与签章页是否有设计单位的章、编审人员的手签和资格章；投资是否与批复一致，报告中的投资与估算书一致；出版时间不早于批复		
2	可研评审意见	经研院/所发文文件，不早于可研批复时间，资金与可研报告、批复一致		
3	可研批复文件	不晚于计划下达时间，资金不超综合计划的总投资		
4	设计招标文件	公告时间，控制价		
5	设计投标文件	投标时间、投标价		
6	设计中标通知书	中标单位、中标通知书时间、中标价		
7	设计合同	合同版本、签订时间、签章、合同价，付款约定		
8	监理招标文件	公告时间，控制价		
9	监理投标文件	投标时间、投标价		
10	监理中标通知书	中标单位、中标通知书时间、中标价		
11	监理合同	合同版本、签订时间、签章、合同价，付款约定		
12	项目初设报告（收口）	是否有出版纸质版，封面与签章页是否有设计单位的章、编审人员的手签和资格章；投资是否与批复一致；出版时间不早于批复		
13	项目批复概算书	是否有出版纸质版，封面与签章页是否有设计单位的章、编审人员的手签和资格章；投资是否与批复一致，报告中的投资与估算书一致；出版时间不早于批复		
14	初设评审意见	经研院/所发文文件，不早于可研批复时间，资金与初设报告、批复一致		
15	初设批复文件	不早于设计合同签订时间，资金不超可研估算		
16	施工招标文件	公告时间，控制价		
17	施工投标文件	投标时间、投标价		
18	施工中标通知书	中标单位、中标通知书时间、中标价		
19	施工合同	合同版本、签订时间、签章、合同价，付款约定		
20	施工图纸	移交档案室的目录		
21	施工图审查/交底记录	参照模板，时间不早于合同签订时间，不晚于开工报告，参加人员签到单		

续表

序号	名称	检　查　要　点	检查记录	评价
22	设备合格证、出厂报告	按模板汇总		
23	三措一案	有针对性，编制时间不早于合同签订时间，不晚于开工报告		
24	方案审查意见	时间不早于施工方案编制境，不晚于开工报告，审查人员签名		
25	开工报告	时间不早于合同签订时间		
26	设计变更	变更审批单、联系单参照模板并有相关附件，签章、日期齐全，时间不晚于项目竣工时间		
27	工程量签证	变更审批单参照模板并有相关附件，签章、日期齐全，时间不晚于项目竣工时间		
28	变更与签证单汇总	按模板汇总		
29	监理报告	按模板汇总		
30	施工记录	与工作票时间一致		
31	竣工图纸	移交档案室的目录		
32	竣工验收申请	参照模板，签章齐全，时间不晚于项目竣工时间		
33	竣工验收记录	参照模板，记录整改内容，验收人员签字		
34	竣工验收报告	参照模板，如实反映项目施工过程中各类问题及处理情况，业务相关部门签名		
35	竣工报告	参照模板，签章齐全，时间不晚于项目结算时间		
36	安装、调试和启动测试报告	按模板汇总		
37	设备拆旧清单及移交手续	拆除计划表、废旧物资回收表、报废固定资产明细表、报废鉴定、审批表参照模板，内容与签章齐全；拆除计划表不早于开工时间，废旧物资回收表不早于拆除时间且不晚于结算时间		
38	项目结算报告	设计、监理结算报告参照模板，时间不早于竣工时间		
39	结算审价意见	审价人员签章是，时间不早于竣工时间，不晚决算时间		
40	固定资产移交单	参照模板，与结算量一致		
41	项目审计报告	不晚于项目关闭时间		
42	项目竣工决算表	不晚于项目关闭时间		
43	其他相关资料（具体名称）			

续表

序号	名称	检　查　要　点	检查记录	评价
44	ERP	服务或物资第一笔资金发生时间不早于初设批复时间，服务每一笔资金发生符合合同约定		
45	PMS	里程碑完成时间不早于资料上填报的时间，但不晚于2个月及以上		
46	其他问题			

检查人员：　　　　　　　　　　　　　　　　　　检查时间：　　年　　月　　日